AF203669

GEORGINA-KATE ADAMS

BUDDHISMUS KOMPAKT

GESCHICHTE, EINFÜHRUNG, PRAXIS

PETERSBERG

ist ein Imprint der

HEEL Verlag GmbH
Gut Pottscheidt
53639 Königswinter
Tel.: 02223 9230-0
Fax: 02223 9230-13
E-Mail: info@heel-verlag.de
www.heel-verlag.de

Deutsche Ausgabe:
© 2024 HEEL Verlag GmbH
Petersberg ist ein Imprint der HEEL Verlag GmbH

Published by arrangement with Summersdale Publishers.
© Summersdale Publishers, 2019
Part of Octopus Publishing Group Limited
www.summersdale.com

An Hachette UK Company
www.hachette.co.uk

Text © Georgina-Kate Adams
Originaltitel: "The Little Book of Buddhism"
ISBN 978-1-80007-707-2

Deutsche Ausgabe:
Satz: Ralph Handmann, HEEL Verlag, GmbH

Printed in Czech Republic

ISBN 978-3-7553-0057-1

GEORGINA-KATE ADAMS

BUDDHISMUS
KOMPAKT

GESCHICHTE, EINFÜHRUNG, PRAXIS

PETERSBERG

INHALT

Einführung 6

KAPITEL EINS:
Was ist Buddhismus?.. 8

KAPITEL ZWEI:
Eine kurze Geschichte des Buddhismus.............. 40

KAPITEL DREI:
Die buddhistische Weltanschauung 68

KAPITEL VIER:
Buddhismus praktizieren.................................... 96

Fazit 126

Weiterführende Literatur 127

EINFÜHRUNG

Der Buddhismus ist eine Religion, von der viele Menschen gehört haben, ohne wirklich etwas über sie zu wissen. Vielleicht haben Sie schon einmal eine Buddha-Statue in einem Geschäft für Wohnkultur gesehen – oder sogar eine in Ihrem Garten –, ohne wirklich zu wissen, was sie symbolisiert. Was ist Buddhismus? Woran glauben Buddhisten? Wer war Buddha? Was sind die gängigen Praktiken des Buddhismus? Und wie kann ich anfangen, einige grundlegende buddhistische Praktiken in mein Leben zu integrieren? Wenn Sie sich eine dieser Fragen stellen, sind Sie hier genau richtig. Die Antworten, die Sie suchen, finden Sie auf den nächsten Seiten.

Dieses kompakte Buch des Buddhismus ist, wie der Titel schon sagt, ein „Einsteiger"-Handbuch. Es ist kein Lehrbuch für die buddhistischen Praktiken, sondern eher ein Einstieg, um Ihren Appetit anzuregen und Ihnen bei der Entscheidung zu helfen, ob Sie mehr von der Lehre wissen möchten. Leider werden Sie auf diesen Seiten nicht das Geheimnis lüften, wie Sie das „Nirwana" erreichen können. Was Sie finden werden, ist eine Einführung in die Grundüberzeugungen und Werte des Buddhismus, die Ihnen helfen können, ein freundlicheres, glücklicheres und achtsameres Leben zu führen. Lassen Sie uns eintauchen!

Versuchen Sie nicht, mithilfe der Lehren des Buddhismus ein Buddhist zu sein, sondern nutzen Sie diese, um eine bessere Version von sich selbst zu werden.

DER DALAI-LAMA (XIV)

KAPITEL EINS:
WAS IST
BUDDHISMUS?

Der Buddhismus ist mit etwa einer halben Milliarde Anhängern die viertgrößte Religion der Erde. Der Buddhismus entstand vor etwa 2 500 Jahren im alten Indien und verbreitete sich bald über ganz Asien. Und auch heute noch leben dort die meisten Buddhisten. Die Religion umfasst verschiedene Glaubensrichtungen und Traditionen, aber alle Strömungen des Buddhismus haben ihre Wurzeln in den Lehren des Buddha Siddhartha Gautama (über den wir in Kapitel zwei mehr erfahren werden).

Buddhisten glauben, dass nichts im Leben perfekt ist und dass Unzufriedenheit, Krankheit, Alter und Tod grundlegende Aspekte der Existenz sind. Buddha lehrte jedoch, dass das Leiden, das diese Erfahrungen verursachen, durch unsere eigenen Verstrickungen und Begierden verursacht wird. Zum Beispiel sind die meisten von uns an die Vorstellung gebunden, dass Gesundheit gut und Krankheit schlecht ist. Wenn es uns nicht gut geht, und wir uns schlecht fühlen wünschen, wir uns ein beschwerdefreies Leben, und sehnen uns danach, wieder gesund zu sein. Doch diese Emotionen können uns noch mehr Leid zufügen, indem sie unsere Frustration und Unzufriedenheit verstärken.

Buddhisten glauben, dass man durch die Überwindung von Begierde und Bindungen vom Leiden befreit werden kann – ein Prozess, der als „Erleuchtung" bekannt ist. Dieser Zustand der Freiheit von allem Leiden wird „Nirwana" genannt.

WORAN GLAUBEN BUDDHISTEN?

Im Gegensatz zu den meisten anderen großen Religionen glauben Buddhisten nicht an den einen Gott. Vielmehr versuchen Buddhisten, ein gutes Leben zu führen, indem sie den Lehren folgen, die von Siddhartha Gautama Buddha stammen.

Siddhartha Gautama war ein asiatischer Aristokrat, der im fünften oder sechsten Jahrhundert vor Christus lebte. Entsetzt über das Leid, das er in der Welt sah, verließ Siddhartha sein luxuriöses Leben, um unter heiligen Männern zu leben und die Wahrheit zu suchen. Im Alter von 35 Jahren erlangte er die Erleuchtung und widmete den Rest seines Lebens der Verbreitung der Antworten, die er gefunden hatte. Diese sind als die „Vier Edlen Wahrheiten" und dem „Edlen Achtfachen Pfad" bekannt geworden. (Wir werden in Kapitel Drei mehr darüber erfahren.)

Wie Hindus und Sikhs glauben auch Buddhisten, dass jeder von uns nach diesem Leben ein weiteres Leben (oder mehrere Leben) haben wird, aber die Buddhisten betrachten diesen Kreislauf der Wiedergeburt als eine negative Erfahrung. Daher konzentrieren sich die meisten buddhistischen Praktiken auf den Versuch, das „Nirwana" zu erreichen, von dem sie glauben, dass es den Kreislauf der Wiedergeburt beenden wird. Zu der Praxis, mit der dies erreicht werden soll, gehören Meditation, das Befolgen buddhistischer Ethik und das Leben als buddhistischer Mönch oder Nonne.

Buddha lehrte, dass man dem Kreislauf der Wiedergeburt durch das Erreichen der Erleuchtung und die Verwirklichung des Nirwana für immer entkommen kann. Buddhisten glauben, dass das Leben ein ständiges Rad des Leidens und der Wiedergeburt ist und dass man jedes Mal in einem anderen Körper wiedergeboren wird. Ein Mensch kann als ein anderer Mensch oder im Körper eines Tieres wiedergeboren werden – oder er kann in einem ganz anderen spirituellen Bereich wiedergeboren werden.

Freundlichkeit und Karma

Buddhisten glauben, dass die Art der Wiedergeburt davon abhängt, wie sie sich in ihren früheren Leben verhalten haben. Dies hat mit „Karma" zu tun: Dem Konzept, dass uns unsere vergangenen Handlungen beeinflussen, entweder negativ oder positiv, und dass die Handlungen, die wir in der Gegenwart ausführen, uns in der Zukunft beeinflussen werden.

Buddhisten glauben, dass freundliche, großzügige und achtsame Handlungen ihnen helfen, ein heilsames Karma zu entwickeln, das ihre Chancen auf eine günstige Wiedergeburt erhöht und sie vielleicht sogar der Verwirklichung des Nirwana einen Schritt näherbringt. Im Gegensatz dazu wird angenommen, dass unfreundliche, gierige oder verblendete Handlungen unheilsames Karma erzeugen, was dazu führen kann, dass man im nächsten Leben in einer ungünstigen Situation geboren wird.

Manche Menschen glauben, dass gutes oder unheilsames Karma auch zu positiven oder negativen Auswirkungen in diesem Leben führen kann. Dies motiviert die Buddhisten, achtsam zu handeln und ein Leben voller Wohlwollen und Mitgefühl zu führen.

Um ein „geschicktes" Leben zu führen und heilsames Karma zu erzeugen, befolgen Buddhisten einen Verhaltenskodex, der als die „Fünf Gebote" bekannt ist. Das sind Gelübde oder Versprechen, die Buddhisten abgeben, wenn sie der Religion beitreten. Das erste Gebot lautet „Nicht zu töten oder anderen zu schaden" und ist einer der Gründe, warum viele Buddhisten (einschließlich der meisten buddhistischen Mönche und Nonnen) kein Fleisch oder Fisch essen und stattdessen eine vegetarische Ernährung bevorzugen.

Das erste Gebot wird im Sanskrit (einer klassischen Sprache Südasiens) oft als „ahiṃsā" bezeichnet, was übersetzt „Gewaltlosigkeit" bedeutet. Gewaltlosigkeit ist eine der Haupttugenden des Buddhismus, da der Schmerz, den Gewalt anderen Lebewesen zufügt, als Bruch des eigenen buddhistischen Gelübdes angesehen werden kann.

Vielmehr streben Buddhisten danach, allen Menschen und Tieren mit Mitgefühl zu begegnen. (Aus diesem Grund kann es vorkommen, dass ein Buddhist Käfer oder Fliegen, die sich in einem Zimmer verfangen haben, aus dem Fenster wirft, während ein Nicht-Buddhist sie erdrückt!) Im Allgemeinen ist der Buddhismus eine friedliche Tradition, die Glück und Abwesenheit von Leid für alle Lebewesen anstrebt.

WIE WEIT IST DER BUDDHISMUS VERBREITET?

Sie wissen vielleicht, dass der Buddhismus in Regionen wie Tibet und Thailand verbreitet ist. Aber wussten Sie, dass der Buddhismus in der Vergangenheit auch in Afghanistan, auf den Malediven und in Usbekistan weit verbreitet war? Heutzutage hat der buddhistische Glaube weltweit über 520 Millionen Anhänger – mehr als 7 Prozent der Weltbevölkerung. Damit ist der Buddhismus die viertgrößte Religion der Welt.

Die Länder mit der größten buddhistischen Bevölkerungsmehrheit sind heute Kambodscha (fast 97 Prozent der Bevölkerung bekennen sich zum Buddhismus), Thailand (93 Prozent), Myanmar (80 Prozent), Bhutan (75 Prozent), Sri Lanka (69 Prozent), Laos (64 Prozent) sowie die Mongolei (55 Prozent). Aufgrund seiner enormen Bevölkerungszahl hat China jedoch mit fast 255 Millionen Menschen die meisten Anhänger des Buddhismus unter allen Ländern der Erde – und damit fast die Hälfte aller Buddhisten.

Auch in Malaysia, Vietnam, Nepal, Japan und Südkorea ist der Buddhismus beliebt. Überraschenderweise ist der Anteil der Buddhisten im modernen Indien trotz seiner langen buddhistischen Geschichte geringer (0,7 Prozent) als in den Vereinigten Staaten (1,2 Prozent) und weitaus geringer als in Australien und Neuseeland. Fast 3 Prozent der australischen Bevölkerung bezeichnen sich als Buddhisten.

Obwohl der Buddhismus auf der ganzen Welt weit verbreitet ist, gehören nicht alle Länder, in denen die Religion weithin praktiziert wird, denselben Traditionen und Denkschulen an. Der Theravāda-Zweig des Buddhismus wird vor allem in Sri Lanka, Kambodscha, Laos, Myanmar und Thailand praktiziert, während der Mahāyāna-Zweig in Nepal, Malaysia, Bhutan, China, Japan, Südkorea, Vietnam und der Mongolei die meisten Anhänger hat. (Auf den folgenden Seiten werden wir mehr über diese verschiedenen Zweige des Buddhismus erfahren).

In vielen westlichen Ländern ist der Buddhismus seit dem frühen zwanzigsten Jahrhundert auf dem Vormarsch, als in Europa erstmals buddhistische Gesellschaften und Tempel gegründet wurden. In jüngerer Zeit wurde das Interesse an der Religion im Westen durch die Popularität buddhistischer Persönlichkeiten wie dem Dalai-Lama (XIV) und dem vietnamesischen Mönch und Friedensaktivisten Thích Nhất Hạnh verstärkt. Angehende westliche Buddhisten werden jedoch möglicherweise feststellen, dass sie ihr Denken stärker anpassen müssen als asiatische Buddhisten, da die Vorstellungen von Karma und Wiedergeburt in der westlichen Kultur nicht so verbreitet sind.

WAS SIND DIE VERSCHIEDENEN ZWEIGE DES BUDDHISMUS?

Die meisten Religionen haben verschiedene Zweige oder „Abspaltungen" – jede hat leicht unterschiedliche Glaubenssysteme oder Traditionen oder legt mehr oder weniger Wert auf bestimmte Lehren. Im Christentum zum Beispiel sind die wichtigsten Konfessionen katholisch, protestantisch, anglikanisch und orthodox, im Islam dominieren die sunnitischen und schiitischen Schulen. Im Buddhismus haben zwei große Zweige bis heute überlebt: Theravāda und Mahāyāna.

Theravāda-Buddhismus

Der Theravāda-Buddhismus hat seinen Ursprung im alten Indien und ist der älteste noch existierende Zweig des Buddhismus. „Theravāda" ist ein Wort aus dem Pāli (eine klassische indische Sprache und die heilige Sprache des Theravāda-Buddhismus) und bedeutet grob übersetzt „die Schule der Ältesten".

Die Praktiken des Theravāda beruhen auf den frühesten buddhistischen Lehren und halten sich eng an das Leben und die Lehren des Buddha Gautama. Das heilige Buch dieses Zweigs des Buddhismus ist der Pāli-Kanon – eine Zusammenstellung heiliger Texte, die als die älteste erhaltene Sammlung der aufgezeichneten Aussprüche des Buddha gilt.

Der Pāli-Kanon ist ein grundlegender Text, an dem sich die Theravāda-Buddhisten (auch Theravādins genannt) orientieren. Dieser heilige Text, der auch als Pāli Tipiṭaka bezeichnet wird und „die drei Körbe" bedeutet, ist in drei Abschnitte unterteilt:

- Der Vinaya Piṭaka: Der Kodex für das klösterliche Leben. Diese 227 Regeln werden von Theravādin-Mönchen und -Nonnen befolgt, die sie zweimal im Monat rezitieren.
- Das Sutta Piṭaka: Der größte Korb. Er enthält Berichte über Hunderte von mündlichen Unterweisungen des Buddha und seiner älteren Schüler sowie einige religiöse Gedichte. Dieser Korb enthält alle grundlegenden buddhistischen Philosophien und Ethiken.
- Das Abidhamma Piṭaka: Ergänzende Philosophien und religiöse Lehren, von denen man annimmt, dass sie später als die ersten beiden Abschnitte entstanden sind. Theravādin-Mönche legen großen Wert auf das Auswendiglernen von Teilen dieser Texte.

Theravāda-Lehren und -Praxis

Obwohl der Pāli-Kanon als „das Wort des Buddha" angesehen wird, ist das nicht wörtlich gemeint, da er auch die Lehren seiner älteren Schüler enthält. Tatsächlich wurde bis etwa 450 Jahre nach dem Tod Buddhas nichts aus dem Kanon niedergeschrieben. Bis dahin wurden die Lehren von der buddhistischen „Sangha" (aufeinanderfolgende Generationen von Mönchen und Nonnen) mündlich weitergegeben. Der Kanon wurde schließlich im Jahr 29 v. Chr. in Sri Lanka auf Palmblättern niedergeschrieben und ist seitdem über zwei Jahrtausende lang in Textform erhalten geblieben.

Der Theravāda-Ansatz im Buddhismus betont die individuelle Erleuchtung. In Religionen wie dem Christentum oder dem Hinduismus können die Gläubigen ihren Gott (oder ihre Götter) anrufen, um ihre Selbstentwicklung zu unterstützen. Im Gegensatz dazu wird den Theravādins beigebracht, dass sie die Erleuchtung durch persönliche Anstrengung erlangen müssen.

Ein wichtiger Teil des Kanons ist der „Edle achtfache Pfad" (über den wir in Kapitel drei mehr erfahren werden). Diese Sammlung von Praktiken gibt Buddhisten eine Struktur, der sie auf ihrem Weg zur „Arhatschaft" folgen können. „Arhat" bedeutet auf Pāli „der Vollendete".

Arhat ist die Bezeichnung für eine Person, die wie Buddha das Nirwana verwirklicht und sich vom Kreislauf der

Wiedergeburt befreit hat. Die Arhatschaft bezieht sich auf die Lehre von „Anatman" oder „Kein-Selbst". In der Theravādin-Tradition wird das so übersetzt, dass die Persönlichkeit oder das Ego eines Menschen eine Täuschung ist. Sie ist die Ursache ihres Leidens und hindert sie daran, Erleuchtung zu erlangen.

Für Theravādins ist die Zeit, die sie in der Meditation verbringen, sehr wichtig, da sie als das wichtigste Mittel angesehen wird, um das Ego abzulegen und Erleuchtung zu erlangen. Die gebräuchlichsten Meditationstechniken der Theravādins sind „Samatha" und „Vipassanā".

Bei der Samatha-Meditation oder der Meditation der „Geistesruhe" versucht der Meditierende, seinen Geist zu fokussieren, indem er sich auf seinen Atem konzentriert. Das Ziel ist es, die Konzentration zu vertiefen und ein vorübergehendes Gefühl der Ruhe zu kultivieren. Bei der Vipassanā- oder „Einsichts"-Meditation liegt der Schwerpunkt auf der disziplinierten Selbstbeobachtung der Gedanken und Gefühle, der Körperempfindungen und der Art und Weise, wie diese beiden Phänomene miteinander verbunden sind. Vipassanā zielt darauf ab, Einsicht in die wahre Natur der Realität zu erlangen und eine vollständige und dauerhafte Veränderung der Art und Weise, wie der Meditierende das Universum wahrnimmt und versteht, zu ermöglichen.

Dem Theravāda folgen

Der Theravāda ist nicht nur der älteste Zweig des Buddhismus, sondern auch der konservativste Arm der Religion. Theravādins sind dem Wort des Buddha, wie es in der Lehre des Pāli-Kanons überliefert ist, treu. Sie akzeptieren oder praktizieren nicht die Lehren anderer prominenter Buddhisten und lehnen die Authentizität der Mahāyāna-Sutras oder -Schriften ab, die im ersten Jahrhundert v. Chr. (über 300 Jahre nach dem Tod Buddhas) erschienen sind.

Im Theravāda hingegen werden die Schriften des Pāli-Kanons nicht für sich genommen als verdienstvoll angesehen, sondern vielmehr in ihrer Anwendung. Die darin enthaltenen Lehren werden als Werkzeuge betrachtet, die den Menschen helfen, die Wahrheit des Lebens zu verstehen.

Der Theravāda-Buddhismus ist auch konservativ, wenn es um die Disziplin geht, die von seinen Mönchen und Nonnen erwartet wird, die strenge Regeln und Verfahren befolgen müssen. Dazu gehört traditionell, dass sie nach der Mittagszeit nicht mehr essen und nicht mit Geld umgehen dürfen. Darüber hinaus glauben die Theravādins im Allgemeinen, dass nur Mönche und Nonnen, die ihr Leben dem Studium und der Praxis der Schriften gewidmet haben, in diesem Leben Erleuchtung erlangen können.

Ein gewöhnlicher Mensch, der den Theravāda-Buddhismus studiert, also jemand, der sein Leben nicht dem Mönchstum gewidmet hat, wird als „Laie" bezeichnet. Von Laien, die dem Theravāda folgen, wird nicht erwartet, dass sie sofort die Erleuchtung erlangen. Stattdessen können sie durch ihr Studium und ihre Praxis darauf hinarbeiten, nach diesem Leben in einem besseren Zustand wiedergeboren zu werden, und vielleicht einen Schritt näher an die Verwirklichung des Nirwana herankommen.

Sowohl Mönche als auch Laien spielen eine wichtige Rolle bei der Aufrechterhaltung der Theravādin-Tradition. Ohne die Interaktion zwischen ihnen könnte diese Tradition wohl nicht überleben. Die Laien unterstützen die Mönche bei der Konzentration auf ihre Meditationspraxis, indem sie für ihre täglichen Bedürfnisse sorgen: Sie versorgen sie mit Nahrung, Medizin und Stoffen für ihre Gewänder. Im Gegenzug bieten die Theravādin-Mönche den Laien Belehrungen, Segnungen und spirituelle Unterstützung an. Keiner der beiden Parteien ist es erlaubt, etwas von der anderen zu verlangen. Vielmehr handelt es sich um eine Beziehung der gegenseitigen Unterstützung, die auf einem Geist des offenen Gebens beruht.

Theravāda-Zeremonien

Die Zeremonien des Theravāda-Buddhismus konzentrieren sich hauptsächlich auf die Lebensereignisse des Buddha. Dazu gehört Wesak (auch Vesak genannt), der heiligste Tag im Kalender der Theravādins. Wesak erinnert an die Geburt, die Erleuchtung und das „parinirvāna" oder das Vergehen des Buddha. Er wird am Vollmondtag des Mondmonats Vesakha gefeiert, der jedes Jahr in den Mai (oder manchmal in den April) fällt.

Theravādins feiern Wesak, auch der „Buddha-Tag" genannt, indem sie ihre Häuser und Tempel reinigen und schmücken. Sie versammeln sich in den Tempeln, um den Unterweisungen zu lauschen und den Mönchen Essen, Kerzen oder Blumen zu schenken. Auch Gesänge und Gebete sind Teil des Festes.

Während des Wesak-Festes bemühen sich die Buddhisten besonders, für wohltätige Zwecke zu spenden oder Bedürftigen zu helfen, und die ganze Woche über wird vegetarisch gegessen. In Indonesien und Thailand werden auch Wesak-Laternen aus Holz und Papier hergestellt.

Ein weiterer wichtiger Vollmond im Theravādin-Kalender ist der erste im April eines jeden Jahres. Dieser Wechsel des Lunisolarkalenders wird als Theravāda-Neujahr gefeiert, so wie andere Menschen auf der Welt den 1. Januar als Beginn eines neuen Jahres feiern.

In Sri Lanka, wo der Theravāda-Buddhismus die Staatsreligion ist, wird jeder einzelne Vollmondtag als zeremonieller Feiertag betrachtet – nicht nur Wesak und Theravāda-Neujahr. Jeder Vollmond des Monats hat seinen eigenen Namen und ist mit einem bestimmten Ereignis in der buddhistischen Geschichte verbunden. Dazu gehören die Jahrestage der Erleuchtung Buddhas, der ersten Ankunft des Buddhismus in Sri Lanka und des ersten buddhistischen Konzils, neben vielen anderen Gedenktagen. In Sri Lanka ist jeder Poya-Tag ein gesetzlicher Feiertag, und die Buddhisten widmen ihn ihrer konzentrierten Praxis.

Der Theravāda-Buddhismus ist in Südostasien besonders beliebt und wird daher manchmal auch als „südlicher Buddhismus" bezeichnet. Wie in Sri Lanka ist der Theravāda-Buddhismus auch in Kambodscha die offizielle Religion und stellt die vorherrschende Form des Buddhismus in Laos, Myanmar und Thailand dar. Er wird auch von Minderheiten in Indien, Nepal, Bangladesch, China und Vietnam sowie in der Diaspora und von Konvertiten in aller Welt praktiziert.

Mahāyāna-Buddhismus

Mahāyāna ist die Bezeichnung für eine große Gruppe von buddhistischen Traditionen, Philosophien, Texten und Praktiken. Zu dieser Gruppe gehören unter anderem der Vajrayāna-Buddhismus, der Zen-Buddhismus, der tibetische Buddhismus und der Reines-Land-Buddhismus. Folglich ist Mahāyāna offiziell die populärste Schule des Buddhismus, die heute existiert. Mindestens 53 Prozent aller Buddhisten weltweit gehören einer Form des Mahāyāna an.

Die Ursprünge des Mahāyāna sind nicht genau bekannt. Wissenschaftler gehen davon aus, dass diese Schule zwischen dem ersten Jahrhundert v. Chr. und dem ersten Jahrhundert n. Chr. in Indien entstanden ist, als die Mahāyāna-Sutras (Schriften) erstmals erschienen.

Es wird angenommen, dass die Mahāyāna-Sutras größtenteils im alten Indien verfasst wurden, obwohl sie hauptsächlich im chinesischen und tibetischen buddhistischen Kanon erhalten sind. Mahāyāna-Buddhisten (bekannt als Mahāyānisten) sind der Ansicht, dass einige der wichtigsten Schriften vom Buddha Gautama gelehrt und von seinen Schülern auswendig gelernt wurden. Weitere Mahāyāna-Sutras werden als von anderen angesehenen buddhistischen Lehrern gelehrt betrachtet.

Es wird angenommen, dass der Mahāyāna-Buddhismus zunächst neben dem Theravāda existierte, bevor er schließlich zu einer eigenständigen Tradition wurde. Sowohl Mahāyāna als auch Theravāda sind in den grundlegenden Lehren des Buddha verwurzelt, und beide Traditionen betonen die individuelle Suche nach Erleuchtung. Die Methoden, die sie dabei anwenden, können jedoch sehr unterschiedlich sein.

Mahāyāna bedeutet auf Sanskrit „Großes Fahrzeug". Dieser Name verweist auf die Idee, die Erleuchtung zu suchen, um nicht nur sich selbst, sondern allen fühlenden Wesen zu helfen. Das sind alle Wesen mit Bewusstsein: sowohl Menschen als auch Tiere.

Mahāyāna-Buddhisten glauben, dass alle fühlenden Wesen von Natur aus die „Buddha-Natur" besitzen. Alle besitzen den „Samen" des Erwachens. Daher ist nach der Mahāyāna-Tradition jedes solche Wesen (nicht nur ein Mönch oder eine Nonne) in der Lage, das Nirwana in seinem jetzigen Leben zu verwirklichen. Dies steht im Gegensatz zum Theravāda, der lehrt, dass die Erleuchtung nur schrittweise erreicht werden kann und dass die Verwirklichung des Nirwana viele Lebenszeiten der Praxis erfordern kann.

Das Ziel des Mahāyāna

Der Mahāyāna-Buddhismus ist auch als das „Bodhisattva-Fahrzeug" bekannt. Ein „Bodhisattva" ist ein Wesen, das die Erleuchtung erlangt hat, aber die Befreiung vom Kreislauf der Wiedergeburt aufschiebt, um auf der Erde zu bleiben und andere zu lehren, wie sie das Nirwana verwirklichen können. Das ideale Ziel des Mahāyāna ist es, dass alle fühlenden Wesen gemeinsam erleuchtet werden. Diese Vision ist nicht nur von Mitgefühl inspiriert, sondern auch von der Überzeugung, dass alles Leben miteinander verbunden ist.

Im Mahāyāna wird großer Wert auf Bodhisattvas als Vorbilder gelegt. Dies ist ein deutlicher Unterschied zum Theravāda, der nur die Lehren des Buddha selbst (und seiner engsten Schüler) schätzt. Während die Theravāda-Tradition ihre Anhänger dazu anhält, sich auf ihr eigenes individuelles Erwachen zu konzentrieren, werden die Anhänger im Mahāyāna dazu ermutigt, sich gegenseitig zu helfen, die Erleuchtung zu erlangen.

Ein weiterer Unterschied ist der „Fahrplan", den jede Tradition für den besten Weg zur Erleuchtung hält. Beide verwenden die Lehren des „Edlen achtfachen Pfades", aber nach den Mahāyāna-Sutras muss man, um die Stufe der vollen Erleuchtung zu erreichen, dem „Bodhisattva-Pfad" folgen.

Mögen alle Wesen glückliche Absichten haben.

GAUTAMA BUDDHA

Der Bodhisattva-Pfad

Auf den ersten Blick mag es so aussehen, als sei ein Bodhisattva dasselbe wie ein Arhat (im Theravāda), da beide die Erleuchtung erlangt haben, oder sogar dasselbe wie ein Buddha – da das Wort „Buddha" mit „der Erleuchtete" übersetzt wird. (Daher wurde Siddhartha Gautama erst als Buddha bekannt, nachdem er die Erleuchtung erlangt hatte). Im Mahāyāna gibt es jedoch verschiedene Stufen des Erwachens.

Mahāyānisten verehren sicherlich jeden, der ein Arhat geworden ist, denn es ist sehr schwierig, diese Stufe der spirituellen Entwicklung zu erreichen. Dennoch wird dies im Mahāyāna nicht als das Ende der Reise angesehen. Obwohl ein Arhat das Nirwana verwirklicht hat, wird er immer noch als jemand betrachtet, der einige Unvollkommenheiten hat. Zum Beispiel kann ein Arhat immer noch der Unwissenheit unterliegen oder in der Lage sein, in die Irre geführt zu werden oder rückfällig zu werden. Nach der Mahāyāna-Tradition besteht der nächste Schritt für einen Arhat darin, seine Reise als Bodhisattva fortzusetzen. Mahāyānisten glauben, dass die einzige Möglichkeit, das volle Erwachen zu erfahren darin besteht, dem Bodhisattva-Pfad zu folgen.

Ein faszinierendes Element des Bodhisattva-Pfades ist, dass jeder ein „unerleuchteter Bodhisattva" werden und sich auf die Reise machen kann, um irgendwann ein „erleuchteter Bodhisattva" und schließlich ein vollständiger Buddha zu werden. Doch diese Reise ist nicht einfach. Auf dem Bodhisattva-Pfad gibt es 51 unterschiedliche Stufen der Erleuchtung, oder Treppen, die man erklimmen muss. Im Vergleich dazu gibt es in der Theravāda-Tradition nur vier Stufen der Erleuchtung, um ein Arhat zu werden.

Die Bodhisattva-Reise beginnt mit der Ablegung von Gelübden und der Annahme des Geistes eines Bodhisattvas. Diese Geisteshaltung besteht aus drei Schlüsselelementen: dem Streben nach Erwachen, großem Mitgefühl für alle fühlenden Wesen und mit kundigen Mitteln. Zu letzteren gehören freundliche Worte, Spenden, Altruismus und Mitgefühl, damit alle fühlenden Wesen glücklich sein können.

Mitgefühl ist in der Mahāyāna-Tradition sehr wichtig. In der Tat sollte die Motivation, ein Bodhisattva zu werden, der Wunsch sein, alle Wesen vom Leiden des Lebens zu befreien, indem man sie aus dem Kreislauf der Wiedergeburt befreit. Dies ist das Ziel des Bodhisattva-Pfades.

Mahāyāna-Lehre und -Praxis

Die vielleicht wichtigste Lehre für diejenigen, die den Bodhisattva-Pfad beschreiten, ist die der „Sechs Vollkommenheiten". Diese sind: Geben, Moral, Geduld, Fleiß, meditative Konzentration und „Prajna"-Weisheit.

Prajna, die Weisheit, die umfassend ist, ist das Rüstzeug, um „sunyata" (oft mit „Leere" übersetzt) zu verstehen – ein Konzept, das den Kern der gesamten Lehre des Mahāyāna-Buddhismus bildet. Im Wesentlichen ist es dasselbe wie die Theravādin-Lehre des Anatman oder des „Nicht-Selbst". Im Mahāyāna wird es jedoch anders übersetzt, um anzudeuten, dass alle Phänomene – einschließlich aller Menschen und Tiere – ohne inhärente Existenz oder unabhängige Natur sind. Sie sind eher wie „Illusionen". Oder anders ausgedrückt: Nichts ist etwas, solange es nicht mit etwas anderem verglichen wird. Die Verwirklichung von Sunyata gilt als das Tor zur Erleuchtung.

Während sich die Theravādin-Praxis stark auf die Meditation konzentriert, besteht die zentrale Praxis der Mahāyānisten darin, sich Verdienste zu erwerben, indem sie die Eigenschaften eines „Erleuchteten" vervollkommnen. Dennoch praktizieren Mahāyānisten die Meditation – sie ist die fünfte der sechs Vollkommenheiten. Ein weiterer wichtiger Teil ihrer Praxis ist das Hören, Kopieren, Auswendiglernen, Rezitieren und Predigen der Mahāyāna-Sutras.

Schulen des Mahāyāna

Ein wesentlicher Unterschied zwischen den Lehren des Mahāyāna- und des Theravāda-Buddhismus besteht darin, dass der Pāli-Kanon unveränderlich ist, während die Mahāyāna-Sutras dynamisch sind. Sie wurden von verschiedenen Kulturen erweitert und in einigen Fällen sogar mit einheimischen Volksreligionen vermischt. Wenn man sich die verschiedenen Mahāyāna-Schulen ansieht, findet man daher ein breites Spektrum an Lehren und Aktivitäten.

Wenn wir über den Mahāyāna-Buddhismus sprechen, sprechen wir über ein Dach, unter das viele hundert verschiedene Schulen des Buddhismus fallen. Jede dieser Schulen hat ihre eigenen Ideen, Traditionen und Praxisformen (auch wenn es zwischen ihnen Überschneidungen gibt). Gemeinsam ist ihnen, dass sie alle die Mahāyāna-Sutras akzeptieren. Sie alle teilen auch weitgehend die Philosophie, dass der Weg zur Erleuchtung darin besteht, dem Bodhisattva-Pfad zu folgen. Darüber hinaus glauben die Anhänger der Mahāyāna-Schulen im Gegensatz zu den Theravādins im Allgemeinen, dass es viele Buddhas gibt und dass diese in einem spirituellen Bereich jenseits der physischen Welt existieren.

Sie fragen sich vielleicht: Was sind all diese verschiedenen Mahāyāna-Schulen? Schauen wir uns einige der bekanntesten an. Dabei ist es wichtig zu beachten, dass es innerhalb dieser Traditionen oft auch kleinere Schulen gibt.

Zen-Buddhismus

Der Zen-Buddhismus, eine Kombination aus Mahāyāna-Buddhismus und Taoismus, entstand im fünften Jahrhundert n. Chr. in China. Er verbreitete sich bald nach Korea und Japan und ist in jüngerer Zeit auch in den westlichen Ländern sehr populär geworden. Zen-Buddhisten glauben, dass die Wahrheit, die wir brauchen um Erleuchtung zu erlangen, nicht in rationalen Gedanken, Schriften oder religiösen Ritualen zu finden ist, sondern dass alle Antworten, die wir brauchen, in uns selbst liegen.

Zen-Lehrer geben ihren Schülern oft „Koans" auf. Koans sind scheinbar unsinnige Worte oder Sätze – wie „zeige mir dein Gesicht, bevor deine Eltern geboren wurden" –, die, wenn sie als Meditationsobjekt verwendet werden, dem Menschen helfen sollen, zu erwachen.

Es heißt, dass Zen nicht mit Worten erklärt werden kann und man es selbst erleben muss, um es zu verstehen. In dieser Tradition liegt der Schwerpunkt auf der Meditation mit dem Ziel, den Geist von Worten und logischem Denken zu befreien und den inneren Buddha zum Vorschein kommen zu lassen.

Vajrayāna-Buddhismus

Der Vajrayāna-Buddhismus ist eine Tradition, die auf geheimnisvollen indischen Texten, den so genannten Tantras, basiert, die einen schnellen Weg zur Erleuchtung bieten sollen. Es wird angenommen, dass diese Schule im fünften Jahrhundert n. Chr. in Indien entstanden ist – obwohl einige Buddhisten glauben, dass sie von Buddha selbst gelehrt wurde.

Vajrayāna wird oft als „Diamant-Fahrzeug" oder „Unzerstörbares Fahrzeug" bezeichnet und ist auch als „tantrischer Buddhismus" oder „Geheimes Mantra" bekannt. Die Vajrayāna-Lehren sind ein streng gehütetes Geheimnis, denn sie gelten als so mächtig, dass sie bei falscher Anwendung gefährlich sein können. Nur erfahrene Meditierende dürfen sie gelehrt werden, und dies muss direkt von einem erfahrenen „Lama" (Lehrer) geschehen.

Von Buddhisten, die sich dieser Schule anschließen, wird erwartet, dass sie sich ihrer Praxis intensiv widmen. Zu den üblichen Vajrayāna-Praktiken gehören Mantras, Mandalas, Visualisierungen und Gesänge.

Diese Tradition ist besonders in der Himalaya-Region – vor allem in Tibet und Nepal – sowie in der Mongolei und in anderen Teilen Ostasiens beliebt.

Tibetischer Buddhismus

Der tibetische Buddhismus, der im siebten Jahrhundert n. Chr. entstand, ist nach wie vor die vorherrschende Religion in Tibet und Bhutan. Er hat auch viele Anhänger in anderen Regionen rund um den Himalaya sowie in Zentralasien, Südsibirien und der Mongolei.

Der tibetische Buddhismus wird oft als identisch mit dem Vajrayāna missverstanden, aber das ist nicht korrekt. Vielmehr verbindet der tibetische Buddhismus Elemente des Vajrayāna mit Schamanismus, einer alten tibetischen Religion namens „Bön" und den wesentlichen Lehren des Mahāyāna. Diese Kombination von Glaubenssystemen erklärt vielleicht die starke Präsenz von übernatürlichen Wesen in dieser Tradition.

Eine beliebte Praxis des tibetischen Buddhismus ist die Meditation über eine ausgewählte Gottheit, einschließlich des Rezitierens von Mantras und Gebeten. Auch Rituale sind für tibetische Buddhisten wichtig. Dazu gehören oft visuelle Hilfsmittel wie Gebetsfahnen oder Gebetsmühlen, die im täglichen Leben eine physische, allgegenwärtige Erinnerung an die spirituelle Welt bieten.

Das Aushängeschild dieser Tradition ist der Dalai-Lama (XIV), das geistige Oberhaupt der Gelug-Schule.

Reines-Land-Buddhismus

Der im zweiten Jahrhundert v. Chr. in Indien entstandene Reinland-Buddhismus ist besonders in China, Japan und Korea verbreitet. Seine Hauptpraxis besteht darin, den Namen „Amitabha Buddha" mit Konzentration, Aufrichtigkeit und vollem Glauben zu rezitieren, in dem Glauben, dass dies zur Wiedergeburt im „Reinen Land" führen wird.

Amitabha Buddha ist ein erleuchtetes Wesen, dessen Name „Unermessliches Licht" bedeutet und der von den Buddhisten des Reinen Landes als eine Art Retter angesehen wird. Er ist der Buddha der umfassenden Liebe und des unendlichen Lebens.

Das Reine Land soll ein von Amitabha Buddha geschaffener spiritueller Bereich sein, in dem man direkt mit ihm studieren und folglich schnell Erleuchtung erlangen kann. Das Reine Land ist nicht zu verwechseln mit einem Paradies, wie es der christlichen Vorstellung vom Himmel entspricht. Es ist nicht das gewünschte Endziel der Anhänger. Das Reine Land ist vielmehr ein Ort, von dem man glaubt, dass er nur einen Schritt von der Verwirklichung des Nirwana entfernt ist.

Mahāyāna-Zeremonien

Wie die Theravādins feiern auch die Mahāyānisten den Geburtstag Buddhas. Im Gegensatz zu Wesak feiern die Mahāyānisten jedoch die Geburt, die Erleuchtung und das Ableben des Buddha getrennt voneinander. Während der Geburtstagsfeier des Buddha führen die Mahāyānisten ein Ritual durch, das „Baden des Buddha" genannt wird. Dabei wird duftendes Wasser über die Schultern einer Buddha-Statue als Baby gegossen. Dies ist eine symbolische Erinnerung für Buddhisten, ihren eigenen Geist von Unwissenheit, Hass und Gier zu reinigen.

Ein weiteres wichtiges Datum im Mahāyāna-Kalender ist der Parinirwana-Tag, der den Jahrestag des physischen Todes des Buddha im Alter von 80 Jahren markiert. Dieser Tag wird im Februar gefeiert und ist der Tag, an dem Buddha in das letzte Stadium des Nirwana (Parinirwana) eintrat und dem Kreislauf der Wiedergeburt für immer entkam. Vielleicht haben Sie schon einmal Bilder oder Statuen des liegenden Buddha gesehen, die sein Parinirwana darstellen. Während dieser Feierlichkeiten besuchen Mahāyānisten Tempel und Klöster und bringen den Mönchen und Nonnen Geschenke. Es werden Passagen aus dem „Nirwana-Sutra" rezitiert, über den Tod nachgedacht und Meditation praktiziert.

Die Erleuchtung des Buddha wird von den Mahāyānisten im Dezember oder Januar (je nach Mondkalender) gefeiert. An diesem als Bodhi-Tag bekannten Fest widmen sich die Mahāyānisten intensiv der Meditation, dem Singen und Rezitieren der Schriften. Laien können zu dieser Zeit auch besondere Mahlzeiten zu sich nehmen.

Das Mahāyāna-Neujahr wird ebenfalls im Januar gefeiert, wobei das genaue Datum (wie auch beim Theravāda-Neujahr) von Land zu Land unterschiedlich ist. Einige Mahāyānisten feiern das gregorianische Neujahr am 1. Januar, während andere auf den Vollmond im Januar warten.

Diese wichtigen Daten werden je nach Ort und je nach der dort vorherrschenden Schule des Mahāyāna-Buddhismus unterschiedlich begangen. Die wichtigsten zeitgenössischen Mahāyāna-Traditionen Asiens lassen sich grob in zwei Gruppen einteilen: „Östlicher Buddhismus" und „Nördlicher Buddhismus".

Der östliche Buddhismus, die größte Gruppe, umfasst die ostasiatischen Mahāyāna-Traditionen in China, Japan, Korea und Vietnam. Der nördliche Buddhismus bezieht sich auf die indo-tibetischen Traditionen in Tibet, Bhutan und der Mongolei sowie in Teilen von Nepal und Indien. Es gibt noch weitere Schulen außerhalb dieser Klassifizierungen. Mahāyāna wird auch von asiatischen Buddhisten in der Diaspora praktiziert, ebenso wie von westlichen Konvertiten.

Wie dieses Kapitel gezeigt hat, gibt es nicht den „einen Weg", den Buddhismus zu praktizieren. Es hängt von den

Bedürfnissen des Einzelnen ab. Tatsächlich ist es gerade die Anpassungsfähigkeit der Religion, die ihre Übernahme durch so viele verschiedene Kulturen ermöglicht hat – und ihre anhaltende Relevanz bis in die heutige Zeit.

Entscheidend ist, dass die verschiedenen buddhistischen Schulen im Allgemeinen Toleranz gegenüber dem Glauben und den Aktivitäten der anderen praktizieren, weil sie wissen, dass sie ein gemeinsames Ziel haben. Stellen Sie sich vor, Sie hätten Ihre Katze verloren und würden in Ihrer Straße anklopfen, um zu sehen, ob jemand sie gefunden hätte. Wenn Ihr Geschwisterkind an eine andere Tür klopft als Sie, würden Sie ihm das nicht übelnehmen. Sie würden ihm Glück wünschen! Schließlich suchen Sie nach der gleichen Sache. In ähnlicher Weise sind Buddhisten mit dem gemeinsamen Ziel vereint, Freiheit zu finden. Es wird davon ausgegangen, dass es viele Türen zur Verwirklichung des Nirvana geben kann und dass die verschiedenen buddhistischen Schulen im Grunde genommen an verschiedene Türen klopfen.

Letztendlich werden alle Buddhisten – ob Theravādins oder Mahāyānisten – von den Vier Edlen Wahrheiten und dem Edlen Achtfachen Pfad geleitet. Sie besuchen gegenseitig ihre Veranstaltungen und können sogar in denselben Tempeln friedlich miteinander beten.

Suchen Sie Frieden.
Wenn Sie inneren
Frieden haben,
ist wirklicher
Frieden mit
anderen möglich.

THÍCH NHẤT HẠNH

KAPITEL ZWEI:
EINE KURZE
GESCHICHTE
DES BUDDHISMUS

Nachdem Sie die wichtigsten Glaubensrichtungen und Zweige des Buddhismus kennengelernt haben, möchten Sie vielleicht mehr über diesen geheimnisvollen Mann erfahren, den wir als Buddha kennen. In diesem Kapitel werden wir genau das tun! Seine Geschichte ist so fesselnd, dass sie in Romanen, Hörbüchern und Gute-Nacht-Geschichten verarbeitet wurde.

Einer der fesselndsten Aspekte der Geschichte des Buddha ist, dass Siddhartha Gautama im Gegensatz zu anderen wichtigen religiösen Führern nicht von einem Gott auserwählt oder gesandt wurde, um dessen Willen auf der Erde zu erfüllen. Obwohl sich um ihn einige faszinierende Mythen ranken, war Siddhartha letztlich nur ein Mann, der das Leiden in der Welt nicht ertragen konnte und eine Lösung finden wollte. Sein Weg ist also für uns alle zugänglich.

Bemerkenswert ist auch, wie die spirituelle Reise dieses Mannes so viele Millionen von Anhängern auf der ganzen Welt anzog und eine Religion hervorbrachte, die noch über 2.500 Jahre nach seinem Tod fortbesteht – und es werden immer mehr! In diesem Kapitel werden wir entdecken, wie seine Lehren eine so große Anhängerschaft anzogen und wie dies zur Entwicklung der verschiedenen buddhistischen Denkschulen führte.

DIE GESCHICHTE BUDDHAS

Die Geschichte des Lebens Buddhas ist eine bezaubernde Geschichte, die Millionen von Menschen auf der ganzen Welt inspiriert hat. Sie beruht auf frühen buddhistischen Texten, wobei zu beachten ist, dass diese Berichte widersprüchlich, schwer zu beweisen und anfällig für Diskussionen sind. Daher muss seine Geschichte mit ein wenig Vorsicht betrachtet werden – und mit der Bereitschaft, ein gewisses Mysterium zuzulassen. Wir können davon ausgehen, dass der Mann, den wir heute als Buddha kennen, in der Stadt Kapilavastu im fünften oder sechsten Jahrhundert vor Christus geboren wurde. Kapilavastu befindet sich in Lumbini, einer Region im heutigen Nepal.

Buddha wurde mit dem Status eines Prinzen geboren und erhielt den Namen Siddhartha Gautama. Sein Vater, Suddhodana, war der gewählte Anführer des Shakya-Clans. Seine Mutter Maya war die Prinzessin eines anderen Clans und wird in buddhistischen Texten für ihre Schönheit gepriesen.

Die Legende besagt, dass Maya und Suddhodana 20 Jahre lang keine Kinder hatten. Dann, eines Nachts, träumte Maya von einem weißen Elefanten mit sechs weißen Stoßzähnen, der in ihre rechte Seite eindrang. Sie hielt dies für ein gutes Omen, und tatsächlich wurde zehn Monate später Siddhartha geboren. Das Baby kam unter einem Sal-Baum in einem Garten in Lumbini zur Welt.

Heilige Männer sagten schnell voraus, dass das Kind zu Großem bestimmt sei – entweder als eine tiefgründige religiöse Figur oder als Herrscher. Sein Geburtsname, „Siddhartha", spiegelt diese Prophezeiung wider. Er setzt sich aus zwei Sanskrit-Wörtern zusammen: „siddha" bedeutet „erreicht" und „artha" bedeutet „das, wonach man gesucht hat". Der vollständige Name bedeutet übersetzt „derjenige, der seine Ziele erreicht hat" oder „derjenige, der den Sinn (der Existenz) gefunden hat".

Nur eine Woche nach Siddharthas Geburt starb seine Mutter. Mayas jüngere Schwester, Mahaprajapati (Siddharthas Tante), wurde Suddhodanas Frau und zog Siddhartha auf, als wäre er ihr eigenes Kind.

Als er aufwuchs, genoss Siddhartha ein luxuriöses Leben, mit bester Ernährung und einem anderen Haus für jede Jahreszeit. Er war verwöhnt, wie er seinen Mönchen Jahre später erzählte.

Der heranwachsende Siddhartha war offenbar ein intelligenter junger Mann, ein geschickter Sportler und Kampfsportler. Im Alter von 16 Jahren heiratete er seine Cousine Yasodhra.

Die vier Ausfahrten

Siddhartha führte ein luxuriöses, aber auch behütetes Leben, denn sein Vater verbot ihm, das Anwesen der Familie zu verlassen. Von den Vorhersagen über Siddharthas Zukunft hoffte Suddhodana, dass sein Sohn in seine Fußstapfen treten und ein großer Herrscher werden würde. Er befürchtete jedoch, dass Siddhartha, sollte er dem Leiden der Außenwelt ausgesetzt sein, dazu inspiriert werden könnte, stattdessen ein heiliger Mann zu werden. Um dies zu verhindern, hielt Suddhodana seinen Sohn in einem Leben voller Privilegien und Perfektion gefangen. Er versuchte auch, die religiösen Lehren von ihm fernzuhalten.

Fast 30 Jahre lang funktionierte Suddhodanas Plan, bis Siddhartha im Alter von 29 Jahren von seinem luxuriösen Leben enttäuscht war, es als leer empfand und neugierig auf die Welt jenseits der Tore des Anwesens wurde.

Eines Tages überredete Siddhartha seinen Wagenlenker, dessen Name Channa war, ihn in die Stadt zu bringen. Dort erlebte er, was heute als die „Vier Ausfahrten" bekannt ist: seine Einführung in den Begriff des Leidens.

In der Stadt sah Siddhartha zum ersten Mal in seinem Leben einen alten Menschen. Er war entsetzt, denn er wusste nichts über das Altern. Er fragte Channa, was er da sehe, und der Fahrer erklärte ihm, dass der Körper eines Menschen mit zunehmendem Alter verfällt.

Siddhartha bat darum, nach Hause gebracht zu werden. Doch schon bald brachte die Neugier den jungen Mann dazu, sich erneut in die Stadt hinauszuwagen. Diesmal sah er eine kranke Person am Straßenrand. Siddhartha war zutiefst beunruhigt, denn er wusste auch nichts von Krankheit. Menschen werden im Lauf ihres Lebens krank, erklärte Channa.

Auf seiner nächsten Reise sah Siddhartha einen Toten, der im Rahmen eines Leichenzuges getragen wurde. Noch einmal erklärte Channa, dass jeder Mensch irgendwann sterben wird. Dann sah Siddhartha einen „Asketen" (ein heiliger Mann, der ein Leben der Selbstverleugnung und Wahrheitssuche führt).

Siddhartha beobachtete den Asketen mit Interesse. Es berührte ihn, wie ruhig und gelassen der Mann wirkte, trotz des Chaos und des Leidens auf den Straßen um sie herum. Diese Erfahrung war der Beginn von Siddharthas eigener spiritueller Reise.

Siddharthas spirituelle Reise

Die Vier Sehenswürdigkeiten wurden für Siddhartha zum Auslöser für einen mutigen Schritt. Eines Nachts verließen er und Channa, ohne es jemandem zu sagen, das Anwesen zu Pferd – und verließen damit sein privilegiertes Leben und seine liebende Familie, um als wandernder Asket zu leben und nach Antworten zu suchen. Siddhartha ließ sogar seinen kleinen Sohn Rahula zurück, der noch am selben Abend geboren worden war, seine Frau Yasodhra war am Boden zerstört.

Gemeinsam reisten Siddhartha und Channa zum Fluss Anoma. Nach der Überquerung des Flusses schnitt sich Siddhartha die Haare ab und tauschte seine fürstliche Kleidung gegen das Gewand eines Asketen. Dann ließ er Channa und sein Pferd zurück und reiste in die Wälder, um sein neues Leben als Mönch zu beginnen.

Siddharthas tägliches Leben war nun ganz anders. Einige Jahre lang soll er in abgelegenen Dschungeldickichten gelebt haben, die furchteinflößend Orte sein konnten. Außerdem musste er um „Almosen" betteln, also um Essens- und andere Spenden von Laien, die als Teil ihrer eigenen spirituellen Praxis den Mönchen als Akt der Tugend geben.

Siddhartha suchte spirituelle Lehrer und wurde von dem Einsiedler Alara Kamala in yogischer Meditation unterrichtet. Bald war er seinem Meister in seinen Fähigkeiten ebenbürtig und konnte nichts mehr von ihm lernen. Alara bat Siddhartha, Mitanführer seiner spirituellen Gemeinschaft zu werden und seine Schüler zu unterrichten, aber Siddhartha lehnte ab. Er war mit der Praxis unzufrieden geworden, weil sie nicht zum Erwachen führte. So setzte er seine Suche fort.

Sein nächster Lehrer war der Weise Uddaka Ramaputta, ein weiterer Lehrer der yogischen Meditation. Uddaka erkannte schnell, dass Siddhartha nicht sein Schüler, sondern sein Vorgesetzter war. Er bat ihn, der alleinige Führer seiner Gemeinschaft zu werden, aber Siddhartha hatte immer noch nicht gefunden, wonach er suchte, und zog weiter.

Siddhartha begann daraufhin eine Periode strenger Askese. Askese ist eine Form extremer Selbstdisziplin, die den Verzicht auf jede Form von Genuss oder sinnlichem Vergnügen beinhaltet, um ein spirituelles Ziel zu erreichen. Für Siddhartha bedeutete dies, dass er seinen Atem und seinen Geist kontrollieren und lange Fastenzeiten einlegen musste. Er wollte die Natur des Leidens verstehen.

Der Wendepunkt

Siddhartha trieb seine Sparsamkeit so weit, dass sein einst starker Körper bald nur noch aus Haut und Knochen bestand. Da erkannte er, dass das Hungern ihm weder geholfen hatte, das Nirwana zu verwirklichen, noch ihm die Kraft gegeben hatte, die er brauchte, um sein Ziel zu verfolgen. Diese Erfahrung führte den Buddha später dazu, einen spirituellen Weg zu propagieren, der als „Mittlerer Weg" bekannt wurde: ein Leben in Mäßigung statt in völliger Knappheit und Armut.

Als er wieder zu Kräften gekommen war, setzte sich Siddhartha, der sich seinem Ziel näher fühlte, unter einen Feigenbaum mit der Entschlossenheit, nicht mehr aufzustehen, bis er das vollständige Erwachen erreicht hatte. Eine Woche lang saß er unter diesem Baum (der heute als „Bodhi-Baum" bekannt ist), und hier verwirklichte er das Nirwana und wurde zum Buddha: ein erleuchtetes Wesen oder „einer, der wach ist". Er war 35 Jahre alt.

Nach seiner Erleuchtung war Buddha unsicher, ob er versuchen sollte, das, was er gelernt hatte, anderen beizubringen. Er war der Meinung, dass die meisten Menschen so sehr von Unwissenheit, Gier und Hass überwältigt waren, dass sie einen solch schleichenden Pfad nicht zu schätzen wüssten. Doch eine Begegnung mit der Gottheit Brahmā Sahampati überzeugte ihn davon, es zu versuchen.

Seine erste Predigt hielt Buddha vor einer Gruppe von fünf Asketen in einem Hirschpark in der Nähe von Varanasi, dem heutigen Indien. Der Inhalt dieser Predigt war das, was heute als die Vier Edlen Wahrheiten bekannt ist. Die Legende besagt, dass einer der Asketen, nachdem er diese Lehre gehört hatte, selbst das Nirwana verwirklichte und ein Arhat wurde.

Als Nächstes lehrte der Buddha die heiligen Männer Anatman („Kein-Selbst"), woraufhin sie alle ebenfalls als Arhats erleuchtet wurden. Daraufhin beschlossen alle fünf Asketen, buddhistische Mönche zu werden und bildeten die erste „Sangha" – den Namen für die buddhistische Gemeinschaft.

Von hier aus wuchs die Anhängerschaft des Buddha weiter an. Am Ende der Regenzeit soll die Sangha auf etwa 60 Mönche angewachsen sein, die alle den Status eines Arhats erreicht hatten. Als der Regen aufhörte, wies der Buddha diese Mönche an, die Lehren zu verbreiten, um so vielen Menschen wie möglich zu helfen, sich vom Leiden zu befreien.

Den „Dharma" teilen

In den verbleibenden 45 Jahren seines Lebens reiste Buddha durch Nordindien und Südnepal und unterrichtete jeden, vom König bis zum Diener, vom heiligen Mann bis zum Hausmann und sogar – angeblich – Mörder und Kannibalen. In einzigartiger Weise machte Buddha seine Lehren jedem zugänglich, unabhängig von Geschlecht, Kaste oder sozialem Status. Seine Lehren wurden als „Dharma" bekannt, was „Wahrheit" bedeutet. Während er reiste und lehrte, wuchs die Sangha.

Buddha kehrte nach Kapilavastu zurück, wo seine eigene Familie von seinem Dharma berührt wurde. Sein Vater, Suddhodana, war von seinen Lehren so bewegt, dass er zum Buddhismus konvertierte. In der Zwischenzeit wurde der Sohn Buddhas, Rahula, buddhistischer Mönch – wie auch mehrere andere Mitglieder seiner Familie.

Vor allem die Stiefmutter Buddhas, Mahaprajapati, war die erste Frau, die sich um die Ordination als buddhistische Nonne bemühte. Das war revolutionär in einer Zeit, in der Frauen nur wenige Rechte hatten und als den Männern unterlegen galten, obwohl Buddha selbst diese Ungleichheit ablehnte. Dennoch lehnte er den Antrag seiner Stiefmutter zunächst ab, da er befürchtete, dass es für Frauen nicht sicher sei, als Asketen zu wandern.

Es heißt, dass Mahaprajapati sich den Kopf rasierte, ein Gewand anlegte und Buddha trotzdem folgte, bis er sie schließlich zur Nonne ordinierte. Damit war er der erste religiöse Führer, der weibliche Schüler akzeptierte. Mahaprajapati erlangte daraufhin die Erleuchtung und wurde ein Arhat.

Trotz seiner schwindenden Gesundheit lehrte der Buddha weiter und baute die Sangha bis zu seinen letzten Tagen auf der Erde auf. Im Alter von 80 Jahren wurde Buddha auf einer Reise mit seinen Schülern so schwach, dass er in der Stadt Kushinagar, im heutigen Indien, Halt machen musste. Er legte sich in einem Hain von Salbäumen nieder, begann zu meditieren und ging ins Parinirwana über – das endgültige Nirwana, das nach dem Tod erreicht wird. Damit war Buddha für immer vom Kreislauf der Wiedergeburt und des Leidens befreit.

DIE ENTWICKLUNG DES BUDDHISMUS

Drei Monate nach dem Tod Buddhas versammelten sich 500 seiner hochrangigen Mönche in Rajgir, im heutigen Indien, und hielten das ab, was man heute als „Erstes Buddhistisches Konzil" bezeichnet. Das Treffen dauerte sieben Monate lang. Während dieser Versammlung rezitierten, sammelten und lernten die Mitglieder des Rates die Lehren Buddhas auswendig, um sie zu bewahren. Auf diesem ersten Konzil stimmten die Mönche auch für die Beibehaltung des Vinaya (des Verhaltenskodex für das Klosterleben), obwohl Buddha ihnen die Erlaubnis gegeben hatte, die unbedeutenden Regeln abzuschaffen.

Dieses erste Konzil legte den Grundstein für das, was sich eines Tages zu der globalen Religion entwickeln sollte, die wir heute als Buddhismus kennen. Man sollte jedoch nicht davon ausgehen, dass der Buddhismus über Nacht entstanden ist. Über 100 Jahre lang blieb er eine kleine Bewegung, die von der Sangha bewahrt und praktiziert wurde. Etwa 70 Jahre nach dem ersten Treffen wurde ein zweites buddhistisches Konzil abgehalten, um eine Reihe von zehn Klosterregeln zu erörtern, die in die Diskussion geraten waren. Es wird behauptet, dass sich die Sangha zu diesem Zeitpunkt in zwei Schulen zu spalten begann: diejenigen, die den ursprünglichen Vinaya aufrechterhalten wollten, und diejenigen, die einige der Regeln lockern wollten.

In den folgenden Jahrhunderten setzten sich diese Spaltungen fort, und die Sangha gründete etwa 20 verschiedene Schulen des Buddhismus. Diese spiegelten unterschiedliche Interpretationen des Vinaya und der Lehren wider, und manchmal auch einfach die geografischen Standorte der Mönche. Von diesen frühen Schulen ist der Theravāda vermutlich die Einzige, die bis heute überlebt hat. Der Mahāyāna-Buddhismus hingegen soll aus einer Kombination einiger dieser frühen und späterer Schulen hervorgegangen sein.

Erst unter der Herrschaft von König Ashoka begann der Buddhismus, sich als Religion zu etablieren und zu verbreiten. König Ashoka (oft als „Ashoka der Große" bezeichnet) war ein indischer Kaiser, der von etwa 268 bis 232 v. Chr. über fast den gesamten indischen Subkontinent herrschte. Sein Mauryan-Reich umfasste das heutige Pakistan, Nepal, den größten Teil Indiens sowie Teile von Bangladesch, Afghanistan und Iran.

Der buddhistische König

Die Legende besagt, dass nach Jahren brutaler Erobe-
rungen ein besonders blutiger Krieg zwischen dem Mau-
rya-Reich und dem Staat Kalinga einen Wendepunkt für
König Ashoka darstellte. Als er von dem Blutvergießen er-
fuhr – etwa 250.000 Menschen sollen in der Schlacht ums
Leben gekommen sein, darunter 100.000 seiner eigenen
Krieger – soll Ashoka tiefe Reue empfunden und geschwo-
ren haben, nie wieder Krieg zu führen. Er konvertierte zum
Buddhismus und wurde der erste buddhistische König.

Dieser Sinneswandel vom grausamen König zum wohl-
wollenden Buddhisten erscheint nobel, obwohl einige
Historiker vermuten, dass Ashokas Annahme des Buddhismus eine politische Entscheidung gewesen sein könnte. Er
musste die verschiedenen Menschen, Kulturen und Welt-
anschauungen in seinem weitläufigen Reich vereinen, und
der Buddhismus ist eine Religion, die (wie wir gesehen haben) die Fähigkeit besitzt, verschiedene Ideen und Werte
friedlich miteinander zu verschmelzen. Wie auch immer
seine Absichten aussehen mochten, als Kaiser mit großer
Macht und großem Einfluss und mit einem ausgedehnten
Territorium unter seiner Kontrolle war König Ashoka in
einer guten Position, um die Verbreitung des Buddhismus
zu fördern – und er tat es.

Ashoka nutzte die Lehren Buddhas, um seine Regierung
zu reformieren, und verkündete einen neuen Ansatz der

„Eroberung durch Rechtschaffenheit" (Dharma), anstatt durch Krieg. Neue Gesetze wurden im Einklang mit Ashokas Verständnis des Buddhismus erlassen. Diese konzentrierten sich auf die Grundsätze der Gewaltlosigkeit, der Großzügigkeit, der Toleranz gegenüber allen Meinungen, des Respekts gegenüber Älteren und spirituellen Lehrern und vieles mehr. Die Außenpolitik des Königreichs wurde von einer militärischen Aggression zu einer Politik des politischen Diskurses und der Verhandlung umgestellt.

Im Inland umfassten die neuen Gesetze die Kriminalisierung des Jagens oder Verletzens von Tieren, die Förderung des Vegetarismus, eine Reduzierung der körperlichen Züchtigung und eine Amnestie für Gefangene, die auf ihre Hinrichtung warteten. Ashokas Regierung baute auch neue Krankenhäuser – sowohl für Menschen als auch für Tiere – und errichtete Universitäten, kostenlose Herbergen für Pilger, viele neue Straßen, Brunnen und Bewässerungssysteme sowie öffentliche Gärten mit Heilkräutern.

Ashokas Politik zielte darauf ab, das Leiden seiner Untertanen zu verringern. Dem Beispiel Buddhas folgend, diskriminierte die neue Gesetzgebung niemanden aufgrund von Kaste, Religion oder politischer Ausrichtung.

Der Einfluss von König Ashoka auf den Buddhismus

Das Hauptanliegen von König Ashoka war es, den Buddhismus zu verbreiten, da er glaubte, dass er damit die Leiden seiner Untertanen lindern könnte. Ashoka reiste persönlich in ländliche Gebiete, um die Lehren Buddhas weiterzugeben, und er befahl seinen Ministern, Verwaltern und sogar seinen Söhnen, dasselbe zu tun.

Nach seinem Tod wurde der Körper des Buddha eingeäschert und seine Asche und Knochen auf mehrere nordindische Königreiche verteilt, wo sie als heilige Reliquien in Grabhügeln oder Denkmälern, den Stupas, aufbewahrt wurden. Nach Hunderten von Jahren wurden diese Überreste unter Ashokas Herrschaft ausgegraben und in neuen Stupas, die er in seinem ganzen Reich errichten ließ, beigesetzt. Frühen Texten zufolge wurden kleine Teile der sieben Reliquien, die Ashoka erwarb, in 84.000 Kästchen aus edlen Materialien wie Gold, Silber, Kristall und Katzenauge aufgeteilt. Diese ermöglichten die Schaffung von 84.000 neuen heiligen Stätten, die Konvertiten zum Buddhismus besuchen und verehren konnten.

König Ashoka errichtete auch Denkmäler, die einige der bedeutenden Stätten aus dem Leben des Buddha markieren (wie den Ort seiner ersten Predigt), und baute viele buddhistische Klöster.

An Dutzenden dieser heiligen Stätten errichtete er die sogenannten „Säulen des Ashoka" – Säulen mit Inschriften, die auf seinem Verständnis der buddhistischen Lehren beruhten. Diese Edikte wurden zu den offiziellen Gesetzen des Reiches und sollten später zu einem Symbol der frühen buddhistischen Lehren werden.

Es war König Ashoka, der das dritte buddhistische Konzil in seiner Hauptstadt Paliputra einberief, auch wenn es widersprüchliche Berichte über die Art dieses Treffens gibt. Den Aufzeichnungen der Sarvāstivāda-Tradition des Buddhismus zufolge kam es erst bei diesem Treffen zur ersten Spaltung der Religion. Den Berichten der Theravāda-Tradition zufolge bestand Ashokas Motivation für die Einberufung dieses Konzils jedoch gerade darin, die vielen Spaltungen, die sich innerhalb der buddhistischen Bewegung bereits entwickelt hatten, zu bereinigen. Insbesondere war er besorgt über das Aufkommen von korrupten, opportunistischen Mönchen und Irrgläubigen, die er als solche ansah, und er wollte solche Leute aus der Sangha entfernen.

Frühe buddhistische Missionare

Auf dem dritten Konzil sollen die wichtigsten Bestandteile der buddhistischen Lehre beschlossen und formalisiert worden sein. Sobald das, was man für den wahren Dharma hielt, feststand, startete König Ashoka eine groß angelegte Missionskampagne, um die Lehren des Buddha weit und breit zu verbreiten.

Fähige Mönche und Nonnen, die den Dharma auswendig rezitieren konnten, wurden ermutigt, Botschafter der Religion zu werden und die Lehren in anderen Ländern zu verbreiten. Missionare wurden in das gesamte Mauryan-Reich und darüber hinaus entsandt. Sie verbreiteten den Buddhismus im heutigen Myanmar, in ganz Südostasien und China und sogar in Nordafrika und Europa, wo sie bis nach Griechenland und Ägypten reisten. Ashokas ältestem Sohn, Mahinda, wird persönlich zugeschrieben, dass er den Buddhismus nach Sri Lanka brachte. Mahindas Hingabe an die Religion war so groß, dass er sich später weigerte, die Nachfolge seines Vaters auf dem Thron anzutreten, da er sein Leben dem Mönchtum widmen wollte.

Unter der Herrschaft von König Ashoka wurde der Buddhismus von einer philosophischen Minderheitenbewegung zur Staatsreligion erhoben. Die loyale Unterstützung des Kaisers für den Buddhismus ermöglichte es dem Glauben, zu gedeihen und seine Verbreitung im heutigen

Indien und darüber hinaus zu beschleunigen – und die Lehren Buddhas in die Welt hinauszutragen.

Obwohl nach Ashokas Tod und dem anschließenden Zusammenbruch des Maurya-Reiches die Popularität des Buddhismus in Indien deutlich zurückging, konnten die globalen Grundlagen, die Ashoka gelegt hatte, nicht rückgängig gemacht werden. Die Handlungen von König Ashoka im dritten Jahrhundert v. Chr. spielten eine entscheidende Rolle dabei, dass der Buddhismus zu der großen Weltreligion wurde, die er heute ist.

Nach der Ära von Ashoka wurde der Buddhismus auch außerhalb Indiens immer beliebter. So wurde in Sri Lanka im ersten Jahrhundert v. Chr. das vierte buddhistische Konzil abgehalten, das die Theravādins als solches bezeichnen. Dieses Treffen war Berichten zufolge eine Reaktion auf ein Jahr mit schlechten Ernten in Sri Lanka, in dessen Folge viele buddhistische Mönche verhungert waren. Dies veranlasste die überlebenden Mönche zu der Befürchtung, dass die mündlich überlieferte Literatur des Pāli-Kanons in Zukunft verloren gehen könnte, wenn die Mönche, die für die Erinnerung und Weitergabe verantwortlich waren, starben, bevor sie sie weitergeben konnten.

Die Bewahrung des Dharma

Um das Überleben des Dharma für künftige Generationen zu sichern, wurde der Pāli-Kanon schließlich auf dem vierten buddhistischen Konzil in Sri Lanka zu Papier gebracht – oder genauer gesagt, auf Palmblätter.

Etwa 100 Jahre später, im Jahr 78 n. Chr., wurde angeblich ein weiteres Konzil in Kaschmir (damals Teil des Kuschan-Reiches) abgehalten. Nach der Sarvāstivāda-Tradition des Buddhismus war dieses Treffen das vierte buddhistische Konzil. In jedem Fall hatte das Treffen einen ähnlichen Zweck wie das Konzil in Sri Lanka: die Systematisierung und Bewahrung des Dharma.

Der Kushan-Kaiser Kanishka versammelte Berichten zufolge 500 männliche buddhistische Mönche (oder „bhikkhus"), um die Abhidhamma-Texte, die von Sarvāstivāda verwendet wurden, zu organisieren und aus früheren Volkssprachen ins Sanskrit zu übersetzen. Dieser Prozess dauerte offenbar 12 Jahre und umfasste die Zusammenstellung von Millionen von Aussagen und Versen.

Obwohl die Sarvāstivāda-Tradition des Buddhismus heute ausgestorben ist, bleibt sie ein wichtiger Teil der buddhistischen Geschichte, da viele ihrer Traditionen schließlich vom Mahāyāna-Zweig übernommen wurden. Dies beeinflusste die Entwicklung des Buddhismus zu der Religion, die wir heute kennen.

Wenn es sich lohnt, etwas zu tun, dann tu es mit ganzem Herzen.

GAUTAMA BUDDHA

BUDDHISMUS IN DER WELT

Wir haben gelernt, dass König Ashoka die Saat des Buddhismus in ganz Asien gesetzt hat. Aber wie ist er von dort aus gewachsen? Wie verbreitete sich die Religion in den Rest der Welt? Und wie beeinflusste diese Ausbreitung die Aufteilung des Buddhismus in so viele neue Zweige der Religion?

Es wird angenommen, dass sich der Buddhismus zur Zeit des vierten buddhistischen Konzils im ersten Jahrhundert v. Chr. bereits in viele Schulen aufgeteilt hatte. Da die Gedanken und Philosophien der verschiedenen kulturellen Gruppen, die den Buddhismus praktizierten, immer unterschiedlicher wurden, entwickelten sich verschiedene Zweige der Religion. Der Dharma vermischte sich mit den Traditionen und Kosmologien der neuen Kulturen, auf die er traf, und passte sich auf natürliche Weise in Varianten an, die für diese Kulturen relevanter waren.

Dieser Prozess der Ausbreitung, Anpassung und Verschmelzung setzte sich über Tausende von Jahren fort und formte allmählich die Hunderte von Schulen des heutigen Buddhismus. Sehen wir uns also an, wie sich die Religion in ganz Asien verbreitete und wie sie den Westen erreichte.

Der Buddhismus in Ostasien

Obwohl König Ashoka den Buddhismus in China verbreitet haben soll, kam die Religion den chinesischen Aufzeichnungen zufolge erst etwa 400 Jahre später, im ersten oder zweiten Jahrhundert unserer Zeitrechnung offiziell in die Region. Zu diesem Zeitpunkt war ein großer Teil des heutigen Nordindiens, Pakistans und Afghanistans Teil des Kushan-Reiches, das ein großer Förderer des Buddhismus war. Es wird angenommen, dass der Einfluss der kuschanischen Missionare in China dazu führte, dass der chinesische Kaiser Huan von Han den Buddhismus als offizielle Religion des Hofes annahm.

Der in China praktizierte Buddhismus wurde daher als „Han-Buddhismus" oder „chinesischer Buddhismus" bekannt: Eine Version, die von der chinesischen Kultur und Philosophie beeinflusst wurde – oder genauer gesagt von der Kultur und Philosophie der Han (der größten ethnischen Gruppe in China). Es wird angenommen, dass alle ostasiatischen Schulen des Buddhismus auf diesen Zweig zurückgehen.

Zu den einflussreichsten Schulen in Ostasien gehören Reines Land, Zen, Tiantai, Huayan und der chinesische esoterische Buddhismus. Gemeinsam ist ihnen die Konzentration auf die Mahāyāna-Schriften und ihre neuen, eindeutig ostasiatischen Interpretationen des Dharma.

Buddhismus in und um Zentralasien

In der Mitte des zweiten Jahrhunderts nach Christus dehnte sich das Kuschan-Reich nach Zentralasien aus, und buddhistische Missionare begannen schnell, den Dharma in der Region zu verbreiten. Die Ausbreitung des Buddhismus in diesem Gebiet wurde durch die rege Tätigkeit entlang der Handelsroute der Seidenstraße zu Beginn des ersten Jahrtausends weiter beeinflusst. Dies erleichterte nicht nur den Austausch von Waren, sondern auch von Kulturen und Philosophien zwischen Süd-, Ost- und Zentralasien und darüber hinaus. Ein Großteil der Verbreitung des Buddhismus entlang dieser Route wird buddhistischen Mönchen aus dem Iran zugeschrieben, die auch eine wichtige Rolle bei der Verbreitung der Religion in China während dieser Epoche gespielt haben sollen.

Noch früher jedoch entwickelte der Buddhismus bereits eine Präsenz in der Region, die wir heute als Afghanistan kennen, wo er während der Herrschaft von König Ashoka eingeführt wurde. Tatsächlich war das Herz des zentralasiatischen Buddhismus jahrhundertelang Nava Vihara, ein buddhistisches Kloster in Balkh, Afghanistan. Erst nach der Eroberung des Landes durch arabische Muslime im siebten Jahrhundert begann der Buddhismus in Afghanistan zu schwinden, obwohl es über 600 Jahre dauerte, bis er vollständig ausgerottet war.

Buddhismus in Südostasien

Die frühesten Berichte über den Buddhismus in Südostasien erzählen von den Missionaren des Königs Ashoka, die im heutigen Myanmar tätig waren. Die Mission wurde vom Mon-Königreich – das einen Großteil des heutigen Myanmar, Thailands und der malaysischen Halbinsel umfasste – angenommen, und das Königreich wurde zu einem Zentrum des Theravāda-Buddhismus.

Die Seidenstraße trug auch wesentlich zur Verbreitung des Buddhismus auf dem südostasiatischen Festland und in den Inselstaaten bei. Bis heute praktizieren die südostasiatischen Länder, die den Buddhismus aus dem Norden erhalten haben, in der Regel den Mahāyāna-Buddhismus, da die Ursprungsschulen des Mahāyāna in den nördlich von ihnen gelegenen Regionen (Zentral- und Ostasien sowie Nordindien) zu jener Zeit vorherrschend waren. Vietnam und die südostasiatischen Inselstaaten beispielsweise folgen überwiegend dem Mahāyāna-Buddhismus.

Im Gegensatz dazu praktizieren die Länder, die den Buddhismus aus dem Süden, z. B. durch den Handel mit Südindien und Sri Lanka, erhalten haben, überwiegend den Theravāda-Buddhismus. Dazu gehören Kambodscha, Thailand und Laos. Die Tatsache, dass der Theravāda auch von Myanmar aus in diese Länder gelangte, zeigt, dass die Einflusslinien nicht eindeutig sind, da die Handelswege in alle Richtungen verliefen.

Der Buddhismus im Westen

Als Folge von König Ashokas Missionaren, die nach Griechenland reisten, waren die ersten bekannten Westler, die zum Buddhismus konvertierten, alte Griechen. Insbesondere waren es Griechen, die sich in Zentralasien und Nordindien niedergelassen hatten – ein Gebiet, das später von 200 v. Chr. bis 10 n. Chr. als antikes griechisches Königreich (historisch als Yavana bekannt) wurde. Das Königreich Yavana wurde zu einem Förderer des Buddhismus, was zur Entstehung des Greco-Buddhismus führte – einer Mischung aus hellenistischer Kultur und buddhistischem Glauben.

Nach dem Untergang des Yavana-Königreichs gab es rund 1.000 Jahre lang nur wenig Kontakt zwischen dem Westen und der buddhistischen Kultur. Jahrhundert und die Kolonisierung der buddhistischen Länder Asiens durch europäische Nationen führten jedoch zu einer verstärkten Wahrnehmung des Buddhismus im Westen. Als Teil der kolonialen Agenda wurde versucht, asiatische Buddhisten zum Übertritt zum Christentum zu zwingen. Dennoch begann das Interesse des Westens am Buddhismus zu steigen, und dies hielt bis ins zwanzigste Jahrhundert an, beeinflusst durch die zunehmende Globalisierung und Immigration. Heute gibt es im Westen viele buddhistische Konvertiten, obwohl der Buddhismus dort nach wie vor eine Minderheitenreligion ist.

Teilen Sie Ihr Wissen. Es ist ein Weg, Unsterblichkeit zu erlangen.

DER DALAI-LAMA (XIV)

KAPITEL DREI:
DIE BUDDHISTISCHE WELTANSCHAUUNG

Bisher haben wir in diesem Buch viele buddhistische Lehren und Ideen angesprochen: die Konzepte von Karma, Wiedergeburt, Nirwana und Erleuchtung, die Vier Edlen Wahrheiten und den Edlen Achtfachen Pfad, um nur einige zu nennen. Vielleicht fragen Sie sich jetzt zum Beispiel, was die Vier Edlen Wahrheiten sind? Oder: Was ist der Unterschied zwischen Erleuchtung und Erwachen?

In diesem Kapitel werden wir tiefer in einige dieser Ideen eintauchen und erforschen, was sie sind und warum sie für die buddhistische Praxis so wichtig sind ... fast so etwas wie ein One-Stop-Shop-Glossar für die schwierigsten buddhistischen Begriffe!

Natürlich gibt es bei so vielen verschiedenen Traditionen des Buddhismus auch eine große Vielfalt an Denkschulen. Wir können sie in diesem Kapitel nicht alle behandeln. Stattdessen werden wir einen kurzen Blick auf einige der wichtigsten Glaubenssätze, Werte und Praktiken des Buddhismus werfen.

Wir hoffen, dass Sie am Ende dieses Kapitels in der Lage sind, ein Quiz über den Buddhismus zu bestehen![1] Auf geht's!

---

[1] Keine Sorge, es gibt kein richtiges Quiz!

DIE VIER EDLEN WAHRHEITEN

Das Herzstück aller Lehren des Buddha sind die „Vier Edlen Wahrheiten". Es handelt sich dabei um grundlegende Wahrheiten, die Buddha in der Nacht seiner Erleuchtung erkannte und die er als erste Lektion in seiner ersten Predigt lehrte.

Die Vier Edlen Wahrheiten werden von allen Schulen des Buddhismus geschätzt. Buddhisten kennen sie am besten unter den Pāli-Begriffen „dukkha", „samudaya", „nirodha" und „magga". Lassen Sie uns die Vier Edlen Wahrheiten eine nach der anderen untersuchen.

Dukkha

Dukkha wird gemeinhin mit „Leiden" oder der Wahrheit, dass „es im Leben Leiden gibt", übersetzt, bedeutet aber direkter: „unfähig, zu befriedigen". Dieses ständige Gefühl der „Unbefriedigung" wurde von Buddha als das Leiden im Leben der Menschen betrachtet: dies ist die erste edle Wahrheit.

Dukkha wird nicht als ein Leiden betrachtet, das man gelegentlich erfährt, sondern als eine dem Menschsein innewohnende Herausforderung, die man im Lauf eines jeden Tages mehr oder weniger stark erfährt.

Samudaya

Die zweite edle Wahrheit ist, dass es eine Ursache für dukkha gibt. Buddha zufolge ist die Wurzel dieses Gefühls der „Unbefriedigung" Anlage – manchmal auch als „Verlangen" oder „Durst" bezeichnet.

Dies hat zwei Seiten. Einerseits sehnt sich der Mensch nach Glück (und erwartet es sogar) von Zuständen, die unbeständig sind. Wenn angenehme Empfindungen auftreten, hängen sie an ihnen – doch diese Empfindungen sind nicht von Dauer. Da die Dinge, die den Menschen glücklich machen, vergehen oder sich verändern, können sie, so Buddha, niemals wirkliches und dauerhaftes Glück erlangen.

Andererseits sehnt sich der Mensch danach, Erfahrungen zu vermeiden, die schmerzhafte oder unangenehme Gefühle hervorrufen. Sie mögen der Vorstellung anhängen, dass Dinge wie Schmerz oder Krankheit schlecht sind, ohne zu verstehen, dass auch dies nur vorübergehende Zustände sind. Gemäß den edlen Wahrheiten sind sowohl angenehme als auch unangenehme Empfindungen wechselnde Phänomene, und dukkha entsteht, wenn Menschen sich nach einem von ihnen sehnen oder sich an eines von ihnen klammern.

Nirodha

Die dritte edle Wahrheit besagt, dass es ein Ende des Leidens gibt. Der Mensch kann der Bindung an dukkha entkommen, indem er die Muster des Verlangens und der Anlage aufgibt, die ihm letztlich Schmerz oder Unzufriedenheit verursachen. Dies wird als einer der grundlegenden Schritte – wenn nicht sogar als der grundlegendste Schritt – zur Verwirklichung des Nirwana angesehen.

Das liegt daran, dass dukkha nur von denen erfahren wird, die darin gefangen sind. (Wir werden mehr über dieses Konzept auf Seite 78 erfahren, aber kurz gesagt ist Samsara der ständige Kreislauf der Wiedergeburt.)

Nach den edlen Wahrheiten sind es tatsächlich die Anlagen und Begierden der Menschen, die sie in Samsara und dem damit einhergehenden unablässigen dukkha gefangen halten. Dieser Kreislauf verewigt auch den Ego-Geist: Das heißt, das Bild, das wir von uns selbst haben, und unsere gewohnheitsmäßige Tendenz, es zu verteidigen – die Idee eines „Selbst", das von anderen getrennt ist.

Die edle Wahrheit des Nirodha besagt, dass mit der Verwirklichung des Nirwana das Verlangen aufhört und die Wiedergeburt und das damit einhergehende Dukkha nicht mehr auftauchen werden. Auf diese Weise wird der wahre, natürliche Zustand eines Menschen offenbart.

Magga

Die vierte und letzte edle Wahrheit schlägt einen Fahrplan vor, den der Mensch nutzen kann, um sich aus dem
Kreislauf von Begierde, Dukkha und schließlich Samsara
herauszunavigieren. Die edle Wahrheit des Magga besagt,
dass der Weg zur Beendigung von Begierde und Anlage
und zur Befreiung von dukkha darin besteht, dem „Edlen
achtfachen Pfad" zu folgen.

Buddha sagte, dass die Menschen durch das Befolgen
des Edlen achtfachen Pfades lernen können, ihre automatischen Reaktionen auf Sinneskontakte – ob angenehme oder unangenehme Empfindungen – zu begren-
zen und Zurückhaltung zu lernen. Buddha zufolge kann
der Mensch durch die Kultivierung von Selbstdisziplin,
Achtsamkeit und Meditation die Fähigkeit entwickeln,
nicht mehr auf seine Begierden zu reagieren, und auf diese
Weise Freiheit von dukkha zu erfahren – und schließlich
Nirwana zu verwirklichen.

Die Vier Edlen Wahrheiten bilden einen konzeptionel-
len Rahmen für das buddhistische Denken. Die meisten
Buddhisten würden diese Lehren allein jedoch nicht als
ausreichend für die Verwirklichung des Nirwana betrachten. Vielmehr stellen sie die grundlegende Ausrichtung
des Buddhismus dar. Es wird angenommen, dass ein Individuum die Vier Edlen Wahrheiten nur dann wirklich
verstehen kann, wenn es sie selbst erfährt.

DER EDLE ACHTFACHE PFAD

Die vierte edle Wahrheit besagt, dass es einen Weg („magga") gibt, der beschritten werden kann, um dem menschlichen Leiden und dem Kreislauf der Wiedergeburt zu entkommen. Nach der Tradition des Theravāda-Buddhismus ist der Edle achtfache Pfad der Weg zur Befreiung: Er ist der Weg zur Erleuchtung und zur Erlangung des Status eines Arhat. Der Edle achtfache Pfad ist auch in der Mahāyāna-Tradition von Bedeutung. Für Mahāyānisten wird er zusammen mit dem Bodhisattva-Pfad erforscht.

Fast alles, was Buddha lehrte, geht auf den Edlen achtfachen Pfad zurück. Obwohl er zu seinen Lebzeiten viele tausend Predigten hielt, ist die Essenz davon in diesem einen Text zusammengefasst. Als solcher kann er als eine wesentliche Zusammenfassung seiner wichtigsten Lehren betrachtet werden.

Die acht Faktoren, die den Edlen Achtfachen Pfad ausmachen, sind:

Rechte Sichtweise

Rechte Absicht

Richtige Rede

Rechtes Handeln

Rechter Lebensunterhalt

Rechte Anstrengung

 Rechte Achtsamkeit

 Rechte Konzentration

Obwohl die acht Kategorien des Pfades in der obigen Reihenfolge aufgeführt sind, sind sie nicht dazu gedacht, nacheinander befolgt zu werden. Stattdessen arbeiten Buddhisten daran, diese Fähigkeiten gleichzeitig zu entwickeln, da jeder Faktor miteinander verbunden ist und dazu beiträgt, die Kultivierung der anderen zu unterstützen. In der Tat werden die acht Elemente des Edlen achtfachen Pfades oft in einem Kreis dargestellt, als die acht Speichen eines Wagenrades. Dieses Bild, das als „Dharma-Rad" bekannt ist, ist eines der ältesten Symbole des Buddhismus und steht für die Religion, so wie der Davidstern für das Judentum oder das Kreuz für das Christentum steht.

Die acht Teile des Edlen achtfachen Pfades können weiter in drei Kategorien unterteilt werden. Bekannt als der dreifache Weg, sind dies die drei wesentlichen Elemente der buddhistischen Disziplin, die Buddha lehrte und die den Weg zur Erleuchtung darstellen. Sie sind: ethisches Verhalten (sīla), geistige Disziplin oder Meditation (samādhi) und Weisheit (paññā). Es kann einfacher sein, den Edlen achtfachen Pfad zu verstehen, wenn man ihn unter diesen drei Unterteilungen erforscht.

Ethisches Verhalten (sīla)

 Rechte Rede: Wahrheitsgemäß, freundlich und mit sorgfältiger Absicht sprechen – oder aber schweigen. Vermeiden Sie es, Lügen zu erzählen, müßiges Geschwätz oder Klatsch zu verbreiten, unhöfliche oder beleidigende Sprache zu benutzen oder in einer Weise zu sprechen, die zu Spaltung oder Hass führen könnte.

Richtiges Handeln: In liebevoller, moralischer und friedlicher Weise handeln – und anderen helfen, dasselbe zu tun. Zurückhaltung bei der Suche nach Vergnügungen und Verzicht auf unehrliche Geschäfte, unerlaubte sexuelle Aktivitäten oder Fehlverhalten, Diebstahl oder Tötung.

Rechter Lebensunterhalt: Seinen Lebensunterhalt auf eine Weise zu verdienen, die anderen Lebewesen keinen Schaden zufügt oder sie ausbeutet. Kein Verkauf von schädlichen Gegenständen, einschließlich tödlicher Waffen oder berauschender Getränke, sondern ein Leben in einem Beruf, der ehrenhaft und untadelig ist.

Geistige Disziplin/Meditation (samādhi)

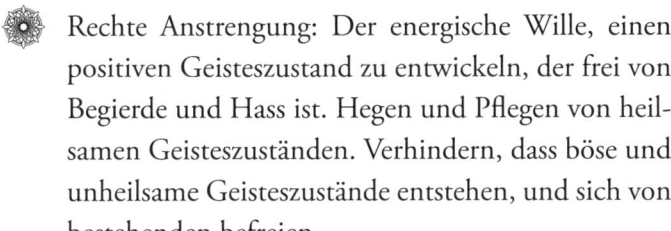

Rechte Anstrengung: Der energische Wille, einen positiven Geisteszustand zu entwickeln, der frei von Begierde und Hass ist. Hegen und Pflegen von heilsamen Geisteszuständen. Verhindern, dass böse und unheilsame Geisteszustände entstehen, und sich von bestehenden befreien.

Rechte Achtsamkeit: Die Entwicklung eines achtsamen Bewusstseins für die Aktivitäten des Körpers, für Empfindungen und Gefühle, für die Aktivitäten des Geistes und für Ideen und Konzepte, die das eigene Verständnis der Realität beeinflussen – insbesondere dafür, wie all diese Dinge entstehen und wieder verschwinden.

Rechte Konzentration: Auf den Zustand der geistigen Konzentration hinarbeiten, der für eine wirksame Meditation notwendig ist. Dazu gehört, den Geist von automatischen Reaktionen auf Sinneseindrücke zurückzuziehen und schließlich einen Zustand vollkommenen, glückseligen Gewahrseins zu entwickeln.

Weisheit (paññā)

 Rechte Sichtweise: Das Verstehen der Vier Edlen Wahrheiten und deren Erklärung der Realität – wie die Dinge wirklich sind. Rechte Sichtweise ist mehr als nur ein intellektuelles Erfassen der Vier Edlen Wahrheiten. Es geht darum, sie tief zu verstehen und die wahre Natur des Lebens zu erkennen.

 Rechte Intention: Sich verpflichten, die notwendigen Einstellungen zu entwickeln, um aus dem Dharma zu lernen. Dazu gehört die Verkörperung der edlen Qualitäten wahrer Weisheit, insbesondere: Gedanken der Liebe, Gewaltlosigkeit und selbstlose Loslösung oder Hingabe.

Diese acht Elemente des Edlen achtfachen Pfades geben Buddhisten die Richtung vor, um die Befreiung in Form der Verwirklichung des Nirwana zu erlangen. Dies sind die Anweisungen Buddhas, um das Leiden des Einzelnen zu beenden und vollständige Freiheit, Frieden und Glück zu erlangen. Dieser Weg, der auch als „Mittlerer Weg" bezeichnet wird, ist so konzipiert, dass er praktisch und universell anwendbar ist, ohne in Extreme zu verfallen. Für engagierte Buddhisten ist er ein Regelwerk für das Leben.

Es gibt keine Angst
für jemanden,
dessen Geist nicht
von Wünschen
erfüllt ist.

GAUTAMA BUDDHA

SAMSARA (WIEDERGEBURT)

In den Sprachen Pāli und Sanskrit bedeutet das Wort Samsara „Welt". Es bezieht sich auf das Konzept der wiederholten Geburt (oder Wiedergeburt), d.h. auf die Vorstellung, dass alles Leben zyklisch ist. Nach dem Konzept von Samsara durchlaufen alle Wesen einen endlosen Kreislauf, in dem sie geboren werden, eine weltliche Existenz führen und dann sterben, um wiedergeboren zu werden und den Kreislauf mit einem anderen Leben zu wiederholen.

Das Konzept des Samsara hat seine Ursprünge im alten Indien. Es taucht erstmals in frühen hinduistischen Texten auf und ist eine Philosophie, die in vielen indischen Religionen, darunter Hinduismus, Jainismus und Sikhismus, sowie im Buddhismus zu finden ist – wenn auch mit leichten Unterschieden in der Auslegung zwischen den religiösen Gruppen.

Im Buddhismus wird davon ausgegangen, dass der Kreislauf der Wiedergeburt unangenehm, unbefriedigend und mit Leiden verbunden ist. Buddhisten glauben, dass man sich nur durch die Verwirklichung des Nirwana von Samsara und dem damit verbundenen Leiden befreien kann. Das Erreichen dieser Befreiung ist sowohl das grundlegende Ziel als auch der wichtigste Zweck des Buddhismus.

Nach der buddhistischen Tradition ist der Motor des Samsara das Karma. Wenn Samsara ein Fahrzeug wäre, dann wäre Karma der Treibstoff, der es in Bewegung hält.

Es ist auch das Karma eines Individuums, von dem man annimmt, dass es bestimmt, wo man wiedergeboren wird. Ein gesundes Karma kann zu einer günstigen Wiedergeburt führen oder sogar einen Schritt näher an die Erleuchtung heranführen.

Buddhisten glauben, dass es sechs Bereiche gibt, in denen ein Mensch wiedergeboren werden kann. Es heißt, dass man als Mensch, Tier, Himmelswesen, Höllenwesen, Halbgott oder hungriger Geist wiedergeboren werden kann. Ein „hungriger Geist" ist ein unglückliches Wesen mit einem riesigen leeren Magen, das aber nicht essen kann. Offenbar wird die Geburt in das Reich der hungrigen Geister durch unheilsames Karma verursacht: durch Habgier, Neid und Eifersucht oder durch süchtiges oder zwanghaftes Verhalten in einem früheren Leben. In einigen buddhistischen Traditionen werden den hungrigen Geistern Speiseopfer auf Altären dargebracht.

Obwohl es das Ziel des Buddhismus ist, das Nirwana zu verwirklichen und sich aus Samsara zu befreien, bleiben Bodhisattvas (in der Mahāyāna-Tradition) freiwillig in Samsara − sie werden weiterhin wiedergeboren, um anderen zu helfen.

KARMA

Karma ist ein Sanskrit-Wort und bedeutet „Tat" oder „Handlung". Wie auf Seite 10 erläutert, ist Karma eine grundlegende Lehre in allen Schulen des Buddhismus. Es kommt auch in anderen indischen Religionen vor, darunter Sikhismus, Hinduismus und Jainismus.

Der Begriff Karma wird im Westen oft so verstanden, dass im Leben jede Ursache eine Wirkung hat. Die buddhistische Interpretation geht jedoch viel tiefer.

Buddhisten glauben, dass es das Karma eines Wesens ist, das es in Samsara gefangen hält. Karma ist der Faden, der die vergangenen, gegenwärtigen und zukünftigen Leben eines Menschen miteinander verbindet. Ein Mensch trägt sein Karma von Leben zu Leben mit sich, und es ist sein Karma, das bestimmt, in welchem Reich er als nächstes wiedergeboren wird.

Das mag beängstigend klingen, aber Karma trägt auch zur Befreiung aus Samsara bei, indem man Erleuchtung erlangt. Haben Sie schon einmal ein Brettspiel gespielt, bei dem Sie mehrere Spielsteine auf die Ziellinie zubewegt haben, nur um dann einen Spielzug zu machen, der bedeutet, dass Sie wieder rückwärts gehen müssen? In ähnlicher Weise bringen Handlungen, die heilsames Karma erzeugen, einen Menschen der Verwirklichung des Nirwana näher, während Handlungen, die unheilsames Karma erzeugen, wie Rückschritte sind.

Es ist auch wichtig zu klären, wie Buddhisten heilsames und unheilsames Karma definieren. Der Buddha lehrte, dass es drei Arten von Karma gibt: das durch den Körper erzeugte (Handlungen), das durch Sprache erzeugte (Worte) und das durch den Geist erzeugte (Gedanken). Entscheidend ist, dass man glaubt, dass Karma nur durch „absichtliche" Handlungen entsteht. Zum Beispiel würde das absichtliche Töten eines anderen Lebewesens unheilsames Karma erzeugen, aber wenn man versehentlich auf eine Ameise tritt und sie tötet, hat das keine karmischen Auswirkungen. Unbeabsichtigte Handlungen wie diese werden als „neutral" oder „unwirksam" beschrieben. Schlafen, Atmen und Essen sind ebenfalls neutrale Handlungen, die keine karmischen Auswirkungen haben.

Wenn sie über Karma sprechen, verwenden Buddhisten nicht die Begriffe gut, schlecht oder böse. Stattdessen beziehen sie sich auf heilsame, geschickte und intelligente Handlungen in Bezug auf den eigenen spirituellen Fortschritt, wie z.B. Handeln mit Güte, Großzügigkeit, Achtsamkeit oder Weisheit. Das Gegenteil davon sind ungeschickte oder unheilsame Handlungen, wie z.B. Handlungen, die von Hass, Gier oder Verblendung ausgehen.

Wie Karma funktioniert

Nach den buddhistischen Lehren führen alle „absichtlichen" Handlungen zu Ergebnissen, die der Handelnde schließlich spüren wird – ein karmisches Ergebnis. Jede absichtliche Handlung erzeugt eines von vier karmischen Ergebnissen: positiv, negativ, sowohl etwas Positives als auch etwas Negatives oder weder positiv noch negativ. Die letzte dieser Möglichkeiten wird als „Karma ohne Ausfluss" beschrieben und ist die Art von Karma, die von erleuchteten Wesen wie dem Buddha erzeugt wird, für die der Kreislauf der Wiedergeburt bereits beendet ist.

Der Fokus der Buddhisten auf Karma hat drei Ziele:

* Mehr heilsames Karma zu erzeugen, um der Verwirklichung des Nirwana näher zu kommen und schließlich von Samsara befreit zu werden.
* Aufhören, unheilsames Karma zu produzieren (oder weniger zu produzieren) – da man sich dadurch weiter von der Verwirklichung des Nirwana entfernt.
* Schließlich aufhören, Karma zu erzeugen und den Kreislauf der Wiedergeburt zu nähren, indem man Nirwana verwirklicht. Danach nur noch „Karma ohne Ausfluss" zu erzeugen.

Diese Ziele sind eine gute Motivation für Buddhisten, sich in heilsamen und geschickten Handlungen zu engagieren.

Allerdings ist die Absicht, die hinter einer Handlung steht, unglaublich wichtig. Eine geschickte Handlung, die eine selbstsüchtige Motivation hat, kann keine günstigen karmischen Ergebnisse haben. Um heilsames Karma zu erzeugen, sollte die Absicht einer Handlung rein sein: zum Beispiel, um das Leiden anderer zu verringern.

Ebenso kann eine geschickte Handlung eine ungeschickte Handlung nicht „aufheben". Wenn eine Person unheilsames Karma erzeugt hat, z. B. indem sie jemanden umgebracht hat, wird das Spenden von viel Geld für wohltätige Zwecke die Sache nicht „ausgleichen". Um auf die Analogie des Brettspiels zurückzukommen, könnte dieser philanthropische Akt die Person auf ihrer spirituellen Reise einen Schritt weiterbringen – aber nur, wenn die Absicht hinter der Spende rein war.

Im Buddhismus hat jede absichtliche Handlung eine karmische Auswirkung, und diese Energie bleibt für immer im Universum. Sie kann nicht rückgängig gemacht werden. Das Ergebnis kann schnell (in diesem Leben) oder langsam erfahren werden, aber es beeinflusst immer die Wiedergeburt.

Abgesehen von der Wiedergeburt bietet das Konzept des Karmas allen Wesen die Möglichkeit, anderen Freude zu bereiten. Letztlich geht es darum, sich der Auswirkungen unserer Handlungen bewusst zu sein.

ERLEUCHTUNG

Was genau ist Erleuchtung? Trotz ihrer Bedeutung in der Religion ist die Erleuchtung eines der am schwierigsten zu erklärenden buddhistischen Konzepte. Tatsächlich argumentieren erleuchtete Lehrer oft, dass man sie nicht erklären, sondern nur direkt erfahren kann.

Es heißt, dass das Erreichen der Erleuchtung zunächst langsam – und dann schnell – erfolgt. Durch beständige und konzentrierte Meditationspraxis entwickelt der Meditierende allmählich kleine Momente der Einsicht und des Verständnisses. Diese bauen sich mit der Zeit auf, bis sich plötzlich alle Teile des Puzzles zusammenfügen und die Erleuchtung blitzartig eintritt.

Im Buddhismus wird die Lotusblume oft als Metapher für die Erleuchtung dargestellt. In der Tat zeigen Bilder und Statuen Buddhas ihn oft auf einer Lotusblume sitzend. Eine Lotusblume verbringt einen Großteil ihres Lebens unter Wasser, wo es dunkel und trüb ist. Dies soll die Bedingungen eines unerleuchteten Geistes darstellen. Doch durch beständige Anstrengung erreicht die Blume schließlich die Wasseroberfläche, bricht durch und erblüht in einer zuvor unsichtbaren Welt – hell und schön. Dies steht für Erleuchtung.

Erleuchtung bezieht sich auf die Lehren von anatman („kein Selbst") im Theravāda und sunyata („Leerheit") im Mahāyāna. Diese Lehren besagen, dass es so etwas wie ein

„Du" nicht gibt und dass das Selbst eine vom Ego geschaffene geistige Illusion ist. Vielmehr soll die eigene Existenz das Ergebnis von Ursachen und Bedingungen sein – und dass die Existenz aufhört, wenn sie aufhört.

Die Illusion, ein dauerhaftes, unabhängiges und getrenntes Selbst zu sein, ist attraktiv. Doch das Festhalten an dieser Vorstellung ist für die Buddhisten die Wurzel des Leidens – denn sie schafft Vorstellungen von „uns" und „ihnen". Dies führt zu Angst, Hass, Eifersucht und Minderwertigkeitsgefühlen. Nur wenn ein Individuum diese Illusion aufgibt und die Verbundenheit allen Lebens erkennt, kann Erleuchtung eintreten.

Obwohl wir manchmal vom „Erreichen" der Erleuchtung sprechen, betrachten Buddhisten die Erleuchtung nicht als ein Ziel. Sie ist vielmehr der Moment, in dem sich der Einzelne endlich vom „Staub in den Augen" befreit, wie es Buddha ausdrückte, und die Wahrheit sieht, die immer schon da war. Wie ein Berg im Nebel soll die Wahrheit des Lebens immer da sein. Dennoch bleibt sie unsichtbar, bis sich der Nebel der Unwissenheit gelichtet hat.

Welches kostbare Juwel es in den himmlischen Welten auch immer geben mag, es gibt nichts Vergleichbares zu einem, der erwacht ist.

GAUTAMA BUDDHA

Erleuchtung und Erwachen:
Was ist der Unterschied?

Im Buddhismus werden die Begriffe „Erleuchtung" und „Erwachen" im Allgemeinen als austauschbar betrachtet und als dasselbe verstanden. Das kann verwirrend sein.

Einige argumentieren, dass Erwachen ein vorübergehender Moment der Erkenntnis ist, während Erleuchtung eine dauerhafte und umfassende Veränderung des Bewusstseins ist. Andere verwenden „erwacht", um jemanden zu beschreiben, der spirituell reif ist und sich auf dem Weg zur Erleuchtung befindet. Man könnte sagen, dass Buddha erwacht ist, als er die Vier Gesichter sah. Er „wachte auf" und erkannte das Leiden in der Welt und die Notwendigkeit, es zu beenden, was der Beginn einer spirituellen Reise war, die ihn schließlich zur Verwirklichung des Nirwana führte.

Erwachen könnte also als eine Veränderung der Wahrnehmung beschrieben werden: wenn sich jemand seiner eigenen Unwissenheit und des hilflosen Zustands des Leidens, in dem er lebt, bewusst wird und dann entschlossen ist, diesem zu entkommen, normalerweise durch die Praxis des Dharma. Aus dieser Perspektive könnte man sagen, dass das Erwachen der Anfangspunkt der spirituellen Reise eines Menschen ist, während die Erleuchtung das Ende darstellt.

NIRWANA

Wie das Erwachen ist „Nirwana" ein weiterer buddhistischer Begriff, der oft mit der Erleuchtung gleichgesetzt wird. Worin besteht also der Unterschied? Die genauen Interpretationen variieren zwar, aber vereinfacht ausgedrückt kann Nirwana als ein Zustand des Seins betrachtet werden, während Erleuchtung eher eine Ebene des Bewusstseins ist.

Erleuchtung bezieht sich auf die Ebene des Bewusstseins, die erreicht wird, wenn ein Individuum den letzten – um auf die Analogie Buddhas zurückzukommen – „Staub von seinen Augen" abwirft. Im Gegensatz dazu wird das Nirwana als der Zustand der Glückseligkeit angesehen, in dem ein Individuum verweilt, wenn es die Wahrheit des Lebens endlich klar erkennen kann.

Wenn man in den Zustand des Nirwana eintritt, kann man Samsara endgültig entkommen und wird von den Auswirkungen des Karmas befreit. Nirwana wird als ein transzendenter Zustand beschrieben, in dem es kein Leiden, kein Verlangen, keine Anhaftung und kein Gefühl des Selbst gibt.

Nirwana sollte jedoch nicht mit dem „Himmel" verwechselt werden. Man glaubt weder, dass es ein Ort ist, noch, dass man ihn nach dem Tod erreicht. Vielmehr ist Nirwana angeblich die wahre Natur aller fühlenden Wesen – es ist nur so, dass dukkha uns daran hindert, dies zu erkennen.

Betrachten Sie einen See, der in seinem natürlichen Zustand ruhig, friedlich und klar ist. Dennoch verursachen Umstände wie Wind Wellen auf dem Wasser. Die Buddhisten glauben, dass dukkha in ähnlicher Weise die wahre, friedliche Natur eines Menschen stört – und dass wir nur dann in den Zustand des Nirwana eintreten können, wenn wir lernen, die Gewässer unseres Geistes zu beruhigen, der bereits in uns existiert. Der vorgeschlagene Weg zur Verwirklichung dieses wahren Zustands besteht darin, dem Edlen Achtfachen Pfad zu folgen, bis man die Erleuchtung erlangt.

Es gibt einige Unterschiede zwischen dem Theravāda- und dem Mahāyāna-Verständnis von Nirwana. Zunächst einmal verwenden die Theravādins den Pāli-Begriff „Nibbana". „Arhat" ist der Name, den die Theravādins für ein erleuchtetes Wesen verwenden, das Nibbana „mit Resten" verwirklicht hat: das heißt, sie sind ihrer Unwissenheit, ihren Begierden und Abneigungen entkommen, bleiben sich dieser jedoch bewusst – daher wird ein Arhat erst nach dem Tod ins „vollständige Nirwana" eintreten. Dies ist als „Parinirwana" oder „Parinibbana" bekannt. Im Mahāyāna heißt es, dass Bodhisattvas das Parinirwana freiwillig aufschieben und den Kreislauf der Wiedergeburt so lange fortsetzen, bis alle Wesen das Nirwana verwirklicht haben.

DIE DREI GIFTE (ODER BRÄNDE)

Eine gängige Übersetzung des Begriffs „Nirwana" ist „ausblasen" oder „auslöschen". Dies bezieht sich auf das, was im Buddhismus als die „Drei Feuer" bekannt ist, die dukkha verursachen (oder, allgemeiner ausgedrückt, die „Drei Gifte", weil man sagt, dass sie den Menschen krank machen). Diese sind:

 Moha (Unwissenheit/Täuschung)

 Raga (Gier/Begierde)

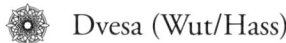 Dvesa (Wut/Hass)

Buddha lehrte, dass die fünf Sinne und das Bewusstsein der meisten Menschen ständig in diesen drei Feuern brennen. Doch wie alle Feuer brauchen auch Gier, Hass und Unwissenheit Brennstoff, um weiterzubrennen. Dieser Brennstoff ist die Anhaftung. Wenn man also Erleuchtung erlangt und keine Anhaftung mehr hat, haben diese Feuer keinen Brennstoff mehr und werden „ausgeblasen". Sobald die Feuer gelöscht sind, bleibt das Nirwana: das wahre Sein – die Glückseligkeit.

So wie der Edle Achtfache Pfad über „richtige Ansichten" und „richtige Handlungen" lehrt, können die Drei Feuer/Gifte als „falsche Ansichten" verstanden werden. Diese falschen Ansichten verursachen „falsche Handlungen" (wie Konflikte, Unehrlichkeit oder Diebstahl), die unheilsames Karma erzeugen und den Menschen wiederum an Samsara fesseln.

In ähnlicher Weise soll Buddha den Prozess der Erleuchtung mit Hilfe des Feuers als Metapher erklärt haben. Wenn ein Feuer zum ersten Mal gelöscht wird, bleibt die Glut warm, wenn auch weniger warm als zuvor. Auf die gleiche Weise kann eine frisch erleuchtete Person eine Restwärme der Drei Feuer spüren („Nirwana mit Resten"). Doch mit der Zeit geht die Glut in die Kühle über (Nirwana). Ebenso heißt es, dass das Ausblasen der Drei Feuer zunächst beängstigend sein kann, dass das Ergebnis (Nirwana) jedoch ruhig und erfrischend ist.

Buddhisten verstehen die drei Feuer oder Gifte durch die Symbolik der Tiere. Das Schwein steht für Unwissenheit und symbolisiert die Illusion, dass man dauerhaftes Glück erlangen kann (obwohl in Wirklichkeit alles vergänglich ist und sich ständig verändert). Dies führt zum Hahn, der für Gier und Anhaftung steht: der Glaube, dass man mit Geld, einer Person oder Macht dauerhaftes Glück erlangen kann. Wenn Unzufriedenheit zurückbleibt, führt dies zu Ärger/Hass, der durch eine Schlange dargestellt wird. Der Weg, diesem Prozess zu entkommen, besteht nach buddhistischer Auffassung darin, die Erleuchtung zu erlangen, indem man dem Edlen Achtfachen Pfad folgt.

BUDDHAS

Wussten Sie, dass der Mann, den wir als Buddha bezeichnen, nicht der einzige Buddha ist, der je gelebt hat? Es soll zwischen sechs und eintausend Buddhas gegeben haben, die vor Gautama Buddha lebten – und für die Zukunft werden neue Buddhas erwartet.

Bevor wir fortfahren, sollten wir klären, was wir mit dem Begriff „Buddha" meinen (und was nicht). Ein Buddha ist kein Gott oder „göttlicher Schöpfer", denn so etwas gibt es im Buddhismus nicht. Der Begriff „Buddha" lässt sich am ehesten mit „Erwachter" übersetzen. Wie unterscheidet sich also ein Buddha von einem Arhat oder einem Bodhisattva?

Nach der Theravāda-Tradition ist ein Arhat ein Wesen, das unter der Anleitung eines Lehrers (z. B. durch Befolgung der Lehren von Gautama Buddha) Erleuchtung erlangt und das Nirwana (mit Resten) verwirklicht hat. Im Gegensatz dazu wird jemand, der die Erleuchtung erlangt und das Nirwana aus eigener Kraft verwirklicht (wie Gautama), als „Buddha" bezeichnet. Ein erleuchteter Bodhisattva hat die Weisheit eines erleuchteten Wesens entwickelt, aber er hat gelobt, Nirwana nicht zu verwirklichen und Samsara zu entkommen, bis alle Wesen sich ihm anschließen können.

Der Mann, den wir Buddha nennen, ist auch als Shakyamuni Buddha („Weiser des Shakya-Clans") oder als

„der Buddha unserer Zeit" bekannt. Shakyamuni Buddha hat angeblich gelehrt, dass ihm etwa 4.000 Jahre später ein neuer Buddha, bekannt als Maitreya, folgen würde. Alle buddhistischen Schulen erkennen diesen zukünftigen Buddha an, obwohl es Zweifel an der Authentizität der Predigt gibt.

Mahāyāna-Buddhisten verehren auch verschiedene Buddhas, die in den frühen Schriften nicht vorkommen und daher vom Theravāda-Buddhismus nicht anerkannt werden. Es wird davon ausgegangen, dass diese Buddhas in anderen Bereichen wohnen, und sie werden manchmal „himmlische Buddhas" genannt. Erwähnenswert ist Amitabha Buddha, der Hauptbuddha des Reines-Land-Buddhismus.

Der Vajrayāna-Buddhismus kennt wiederum Buddhas, die einzigartig für diese Schule sind. Dazu gehören mehrere weibliche Buddhas – allen voran Tara, die im Vajrayāna-Buddhismus als Buddha und in anderen Mahāyāna-Traditionen als Bodhisattva anerkannt ist. Tara gilt als „die Mutter der Befreiung". Ihr Name bedeutet auf Sanskrit „Stern", und es heißt, dass sie ihre Anhänger wie ein Stern auf ihrem spirituellen Weg leitet.

KAPITEL VIER:
BUDDHISMUS PRAKTIZIEREN

In diesem letzten Kapitel werden wir einige der gängigsten buddhistischen Praktiken sowie ihre Bedeutung für diejenigen, die sie ausüben, untersuchen. Einige Praktiken sind Ihnen vielleicht schon bekannt. Das liegt daran, dass viele der New-Age- und alternativen Spiritualitäten, die wir in der modernen Welt sehen, stark von den alten Traditionen des Buddhismus beeinflusst wurden.

Integrieren Sie bereits Meditation oder andere Achtsamkeitspraktiken in Ihr tägliches Leben? Oder haben Sie den Wunsch, dies zu tun, und haben deshalb dieses Buch in die Hand genommen? In jedem Fall werden Sie in diesem Kapitel etwas lernen können.

Es ist wichtig darauf hinzuweisen, dass es zwar viele Ideen gibt, die man aus dem Buddhismus übernehmen kann, dass es aber eine lebenslange Verpflichtung ist, Buddhist zu werden, die ein engagiertes und langwieriges Studium erfordert. Dies geschieht im Allgemeinen am besten mit der Unterstützung einer buddhistischen Gemeinschaft (z. B. einer örtlichen Gruppe oder eines Tempels), mit der man die Schriften lernen und diskutieren, sich an buddhistischen Ritualen beteiligen und Unterstützung finden kann. Auf den folgenden Seiten werden wir einige dieser Praktiken und Rituale erkunden.

MEDITATION

Die buddhistische Meditation wurde früher nur von Mönchen und Nonnen ausgeübt. Heute wird sie jedoch auch von Laien praktiziert – und in der Tat auch von Nicht-Buddhisten. Im Theravāda ist die Meditation unter dem Pāli-Begriff „bhāvanā" („kultivieren") bekannt. Sie wird auch als „jhāna" (in Pāli) oder als „dhyāna" (in Sanskrit) bezeichnet, was eine Form des geistigen Trainings zur Reinigung des Geistes ist. Die Meditation wird in der Regel im Sitzen durchgeführt – meist auf dem Boden – und eine beliebte Haltung ist das Sitzen im Schneidersitz im so genannten Lotussitz. (Eine Erinnerung an die Bedeutung dieses Namens finden Sie auf Seite 84.) Der Meditierende sollte eine gerade Wirbelsäule beibehalten, die Hände ruhig halten und die Körperbewegungen während der Praxis auf ein Minimum reduzieren. Die Augen sind normalerweise geschlossen, obwohl einige Schulen empfehlen, einen sanften Blick einzunehmen. Der Meditierende lenkt dann seine Aufmerksamkeit auf seinen Atem und beobachtet ruhig jedes Ein- und Ausatmen. Sie versuchen, sich auf diesen Anker zu konzentrieren, um die anderen geistigen Aktivitäten zur Ruhe zu bringen. Manche Meditierende konzentrieren sich auf andere Elemente, aber der Atem ist der häufigste Anker, da er immer bei uns ist – was die Meditation jederzeit und überall möglich macht.

Die Meditationspraxis kann allein oder in Gesellschaft ausgeübt werden. Man kann einen Meditationskurs besuchen oder in einer Meditationshalle (z. B. in einem Kloster) praktizieren. Eine Meditationssitzung kann von wenigen Minuten bis zu mehreren Stunden dauern. Doch unabhängig von der Dauer ist der Zweck der Meditation immer derselbe.

Es geht darum, sich von Gedanken und Gefühlen zu lösen, indem man die Aktivität des Geistes beruhigt, Konzentration entwickelt und das Bewusstsein erweitert. Auf diese Weise kann der Meditierende beginnen, die Welt klarer zu sehen und die Verbundenheit aller Dinge zu erfahren. Meditation zielt darauf ab, das Herz zu öffnen und das emotionale Gleichgewicht zu fördern – dies kann dazu führen, dass der Meditierende inneren Frieden erfährt.

Das Ziel der Meditation besteht nicht darin, in eine andere Welt zu verschwinden, sondern einfach im gegenwärtigen Moment mit vollem Bewusstsein und ohne Wertung zu sein. Für Buddhisten besteht ein weiteres wichtiges Ziel darin, die sogenannte „Dualität" zu vermeiden. So betrachtet der buddhistische Meditationsansatz den Körper und den Geist als eine einzige, vereinte Einheit.

Die Menschen opfern die Gegenwart für die Zukunft.

Aber das Leben ist nur in der Gegenwart vorhanden.

THÍCH NHẤT HẠNH

Buddhistische Meditationspraktiken

Alle buddhistischen Meditationstechniken beruhen auf den Einsichten in die Natur des Daseins, die Buddha auf seiner spirituellen Reise entwickelt hat, sowie auf den Richtlinien, die er später für ein konstruktives und gesundes Leben aufgestellt hat. Daraus haben sich alle buddhistischen Meditationsmethoden entwickelt.

Obwohl die verschiedenen Zweige des Buddhismus die Bedeutung der Meditation unterschiedlich stark betonen, betrachten alle Schulen sie als einen wesentlichen Bestandteil des Weges zur Erleuchtung. Für Buddhisten ist Meditation also nicht nur ein Mittel zum Zweck, sondern vielmehr eine Lebensweise.

Es gibt zahlreiche buddhistische Meditationsmethoden, und jede hat einen einzigartigen Zweck. Zum Beispiel kann eine Praxis konzentrativ, generativ, reflektierend, rezeptiv oder – am häufigsten – eine Kombination aus all dem sein, aber mit einer besonderen Betonung auf einen Aspekt.

Lassen Sie uns nun einige der populärsten Techniken untersuchen. Es sei darauf hingewiesen, dass es sich hierbei um einen Überblick und nicht um eine erschöpfende Liste handelt. Sie kann Ihnen jedoch bei der Entscheidung helfen, welche Art der Meditation Sie in Zukunft erforschen möchten.

Samatha, auch Shamatha
(„Ruhiges Verweilen"-Meditation)

Wie auf Seite 17 erwähnt, ist Samatha eine Form der konzentrativen Meditation, die darauf abzielt, den Geist zu beruhigen und zu fokussieren, indem man dem natürlichen Rhythmus des Atems Aufmerksamkeit schenkt. Wenn Gedanken in den Geist eindringen, wird der Meditierende aufgefordert, sie zu beobachten, ohne sie zu bewerten oder zu reagieren, und sie dann loszulassen.

Diese Art der Meditation kann das Zählen des Atems bei jedem Ein- und Ausatmen (bis zu zehn) beinhalten, um die Konzentration zu fördern und Ablenkungen zu verringern. Alternativ kann der Meditierende seine visuelle und geistige Aufmerksamkeit auf ein äußeres Objekt vor sich richten, z. B. ein Foto des Buddha oder die Mitte einer Blume.

Es heißt, dass regelmäßige Samatha-Meditation, wenn sie mit Hingabe praktiziert wird, zu großem inneren Frieden, Klarheit und Glück führt. Ihr Hauptzweck besteht jedoch darin, die notwendigen Konzentrationsfähigkeiten zu entwickeln, um die Einsicht in die wahre Natur des Lebens zu fördern, da dies der Weg zur Erleuchtung ist. Die Samatha-Meditation ist die perfekte Ergänzung und Vorbereitung für die Vipassanā-Meditation, die wir im Folgenden erkunden werden.

Vipassanā („Einsichtsmeditation")

Wie im ersten Kapitel erwähnt, ist die Vipassanā-Meditation die zentrale Meditationspraxis der Theravāda-Buddhisten. Sie wird auch von anderen buddhistischen Schulen praktiziert, allerdings in abgewandelter Form.

Die grundlegende Praxis besteht darin, die Aufmerksamkeit auf das Entstehen und Vergehen der körperlichen Empfindungen in den verschiedenen Körperteilen zu richten. Entscheidend ist, dass der Meditierende aufgefordert wird, objektiv zu beobachten, ohne zu reagieren oder zu urteilen, unabhängig davon, ob die Empfindung angenehm oder unangenehm ist. Stattdessen soll er beobachten, dass jede Empfindung unbeständig ist, ständig schwankt und sich ohne seine Kontrolle auflöst.

Die Vipassanā-Technik arbeitet mit der angeborenen Neugierde des Einzelnen, um seine Weisheit über die wahre Natur seiner Erfahrungen zu entwickeln. Sie hilft dem Meditierenden, seinen eigenen Geist mit Klarheit zu sehen und Freiheit von Unzufriedenheit zu erfahren.

Vipassanā ist eine der am leichtesten zu erlernenden Formen der Meditation, dank eines Netzes von Zentren auf der ganzen Welt, die Menschen aller Glaubensrichtungen kostenlos oder gegen Spende Kurse anbieten. Dabei handelt es sich in der Regel um zehntägige, schweigende Retreats, die eine gründliche Einführung in die Technik bieten.

Metta („Meditation der liebenden Güte" oder „Allgüte")

Metta ist eine generative Meditation, die darauf abzielt, die eigenen Gefühle der Liebe und Güte gegenüber allen fühlenden Wesen zu steigern. Dies wird durch eine Kombination aus Vorstellungskraft, Erinnerung und Wahrnehmung von Körperempfindungen erreicht – eine gute Methode, um sie nach dem Erlernen der Vipassanā-Technik zu praktizieren.

Der Meditierende beginnt damit, Gefühle liebender Güte (Metta) zu erzeugen, indem er sich vielleicht an eine kürzlich erhaltene freundliche Tat erinnert und die körperlichen Empfindungen beobachtet, die die Erinnerung auslöst. Oder sie stellen sich vor, dass sich ein goldenes Licht in ihrem Körper ausbreitet.

Im Allgemeinen beginnt die Praxis mit der Meditation über Objekte, bei denen es am einfachsten ist, Metta zu erwecken, wie z. B. freundliche Wünsche an sich selbst zu richten. Der Meditierende bewegt sich dann schrittweise nach außen, vielleicht strahlt er als Nächstes Liebe zu einer geliebten Person oder einem Haustier aus, bevor er schließlich liebevolle Güte auf schwierigere Parteien, wie Feinde, ausdehnt.

Die Metta-Meditation gilt als wirksames Mittel, um vom Ego erzeugte Hass- oder Wutgefühle zu beseitigen. Durch Metta verschwinden Grenzen wie „Freund" oder „Feind" und es bleibt nur ein reiner Fluss der Liebe zurück, der sich auf alle Wesen überall ausdehnt.

Zazen („sitzende Zen-Meditation")

Zazen ist eine Form der rezeptiven Meditation. Sie basiert auf der Überzeugung, dass es wichtig ist, im gegenwärtigen Moment zu sein, um sich mit der wahren Natur der Realität zu verbinden. Zazen ist die Hauptmeditation der Zen-Buddhisten und der wichtigste Teil ihrer buddhistischen Praxis.

Folglich verbringen Zen-buddhistische Mönche in der Regel acht bis zehn Stunden pro Tag mit der Meditation.

Bei der Zazen-Meditation sitzt man im Allgemeinen ruhig im Lotussitz, hat die Augen geöffnet und ist völlig empfänglich für alle Erfahrungen, die auftauchen, ohne sie zu bewerten. Der Meditierende vermeidet es, über Dinge zu fantasieren oder sie ändern zu wollen. Wenn er merkt, dass sein Geist abschweift, lenkt er seine Aufmerksamkeit zurück auf den Anker des Atems. In einigen Zen-Schulen wird Zazen mit dem Gesicht zu einer Wand praktiziert. In anderen sitzen die Meditierenden in einem Kreis, einander zugewandt.

Eine sehr ähnliche Zen-Praxis ist Shikantza oder „einfaches Sitzen". Dabei lässt der Meditierende alle Aktivitäten los – sogar die Konzentration auf den Atem – und gibt dem Geist nichts zu tun. Selbst die Absicht, Erleuchtung zu erlangen, sollte fallen gelassen werden. Es geht darum, die Aktivierung des „Selbst" zu vermeiden und mit dem Nichts eins zu werden.

Gottheit-Yoga („Visualisierungs"-Meditation)

Gottheit-Yoga ist die zentrale Meditationsform, die von den tibetischen und Vajrayāna-Schulen des Buddhismus praktiziert wird. Es ist eine reflektierende Meditation.

Obwohl es einige Ausnahmen gibt, betrachten die meisten Buddhisten Gottheiten nicht als Götter (im traditionellen Sinne) oder als übernatürliche Wesen. Vielmehr sind sie erleuchtete Wesen – die als Archetypen oder Symbole eines Erwachten betrachtet werden –, die der Meditierende nutzen kann, um die Buddha-Qualitäten anzuzapfen, die in ihm selbst schlummern.

Eine Herangehensweise an das Gottheit-Yoga besteht darin, eine bestimmte Gottheit zu visualisieren (es könnte Buddha, eine Form von Tara oder eine andere buddhistische Gottheit sein). Der Meditierende konzentriert sich dann auf die Eigenschaften dieser Gottheit, was ihm helfen kann zu verstehen, welche Eigenschaften er nachahmen möchte und wie er der Erleuchtung näherkommen kann.

Es wird gesagt, dass es noch transformativer ist, wenn der Meditierende sich selbst „als" eine bestimmte Gottheit vorstellt, in ihrer Form und beim Rezitieren ihrer Mantras. Sich selbst als das Endresultat – bereits erleuchtet – vorzustellen, soll dazu beitragen, dass solche Qualitäten aufkeimen und schneller zum Tragen kommen.

Gehmeditation ("Meditation in Bewegung")

Die Gehmeditation wird in vielen buddhistischen Traditionen praktiziert und ist eine zentrale Praxis in den Schulen des Theravāda und des Zen (dort wird sie „Kinhin" genannt). Sie dient als Ergänzung der sitzenden Meditation und der Aufrechterhaltung der Konzentration zwischen den Sitzungen. Sie ist jedoch auch eine wichtige eigenständige Praxis.

Es gibt einige Unterschiede in der Art und Weise, wie die verschiedenen Schulen diese Meditation praktizieren, aber im Wesentlichen geht es darum, dem Prozess des Gehens große Aufmerksamkeit zu schenken und das Gewahrsein während der gesamten Zeit aufrechtzuerhalten, zu lernen, präsent und achtsam zu bleiben, auch wenn man sich bewegt.

Neben der Achtsamkeit auf den Atem wird der Meditierende ermutigt, die Empfindungen in seinen Beinen und Füßen zu beobachten, wenn sie mit dem Boden in Berührung kommen, die Kontraktion der Muskeln und andere Körperempfindungen. Der Meditierende bewegt sich im Allgemeinen langsam und kann absichtlich anhalten und losgehen, um auf Veränderungen der Empfindungen zu achten. Die Gehmeditation kann allein oder in einer Gruppe im Gänsemarsch durchgeführt werden.

Regelmäßig praktiziert, soll Gehmeditation die Konzentration verbessern, Ängste und Depressionen verringern, die Gesundheit (einschließlich Verdauung und Immunsystem) verbessern und eine tiefere Verbindung zur Natur fördern.

Chanten („Meditieren mit der Stimme")

Chanten wird manchmal auch als „Klangmeditation" oder „Meditation mit der Stimme" bezeichnet. In allen buddhistischen Traditionen wird in gewissem Maße gesungen. Insbesondere ist es die zentrale Andachtspraxis der Reinland- und Nichiren-Buddhisten.

Einfach ausgedrückt bedeutet Chanten, dass ein Wort oder ein Satz immer wieder gesprochen oder gesungen wird. Buddhisten nutzen das Chanten sowohl zum Lernen als auch als Ausdruck der Hingabe an die Lehren des Buddha, die oft den Inhalt der buddhistischen Gesänge bilden. Gesänge können auch Mantras, Bitten um Schutz oder Erinnerungen an Gelübde und ethische Grundsätze enthalten. Sie können in Pāli, Sanskrit oder in einer Sprache des Landes, in dem sie praktiziert werden, gesungen werden.

Die Worte eines Gesangs zu verstehen (oder gar ein guter Sänger zu sein) ist nicht unbedingt notwendig, um von dieser Technik zu profitieren. Es ist vielmehr der sich wiederholende Zyklus der Gesänge, von dem man annimmt, dass er eine meditative Energie erzeugt, die das konzeptionelle Denken außer Kraft setzt und eine andere Ebene des Zugangs zur alten Weisheit des Dharma eröffnet. Dem kollektiven Chanten werden weitere positive Wirkungen zugeschrieben, darunter die Schaffung eines Gemeinschaftsgefühls innerhalb der Sangha.

Mantra („heilige Äußerungen")

Ein Mantra ist ein heiliges Wort oder eine heilige Phrase, die von Buddhisten zur Unterstützung ihrer Meditationspraxis verwendet wird. Das Rezitieren von Mantras ist eine alte indische Tradition, die weit älter ist als der Buddhismus. Heute ist es jedoch Bestandteil aller buddhistischen Schulen – insbesondere des Vajrayāna –, wenn auch mit Abwandlungen.

Mantras können gesungen, gesprochen oder im Stillen im Geist wiederholt werden. Ihr Gebrauch soll den Geist fokussieren und ihn in einen höheren Zustand versetzen. Für Theravādins besteht die Hauptfunktion der Verwendung eines Mantras darin, die Konzentration in der Meditation zu fördern. In der Mahāyāna-Tradition hat die Verwendung von Mantras jedoch einen höheren Zweck: den Schutz von Buddhas und Bodhisattvas zu erbitten oder erleuchtete Qualitäten in sich selbst zu wecken.

Das am häufigsten verwendete, heilige und kraftvolle aller buddhistischen Mantras ist „Om Mani Padme Hum". Obwohl sich dieses Mantra nicht direkt übersetzen lässt, wird es so verstanden, dass es das göttliche Selbst anerkennt, von dem die Buddhisten glauben, dass wir alle es in uns tragen. Tibetische Buddhisten verwenden dieses Mantra, um Avalokitesvara – den Bodhisattva des Mitgefühls – anzurufen, und glauben, dass sein Chanten ihnen helfen kann, Mitgefühl in sich selbst zu verkörpern.

Meditation im Westen

Im Lauf der Zeit haben sich die buddhistischen Meditationspraktiken weit über die Länder, aus denen sie stammen, hinaus verbreitet. Meditation ist nicht mehr nur den Buddhisten vorbehalten und wird auch nicht nur als Mittel zur spirituellen Erleuchtung eingesetzt. Es kann sogar sein, dass Sie eine buddhistische Meditationstechnik praktiziert haben, ohne sich dessen bewusst zu sein!

Im letzten halben Jahrhundert, in dem die Meditation im Westen an Popularität gewonnen hat, hat sich diese Technik rasch verbreitet. In jüngster Zeit wurde dies durch den Aufstieg der Technologie beschleunigt – einschließlich der Entwicklung einer Reihe von Meditations-Apps, die auf Smartphones und Tablets verfügbar sind.

In ähnlicher Weise wächst beim westlichen Publikum der Appetit auf New Age und alternative spirituelle Weisheiten und Therapien – darunter Hatha-Yoga, Tai-Chi und Meditation. Oft werden diese Praktiken zur Förderung der körperlichen oder geistigen Gesundheit ausgeübt und nicht als spirituelle Aktivitäten. Tatsächlich ist Meditation heute als wirksame Therapie zur besseren Bewältigung von Stress, Schmerzen und Depressionen sowie zur Stärkung des Immunsystems anerkannt. Heute gibt es viele wissenschaftliche Belege für die positiven Auswirkungen der Meditation auf Gesundheit und Glück – und sie bestätigen, was Meditationspraktizierende seit jeher wissen.

Ein disziplinierter Geist bringt Glück.

GAUTAMA BUDDHA

ACHTSAMKEIT UND KLARES VERSTÄNDNIS

In der westlichen Welt hört man oft, dass die Begriffe „Meditation" und „Achtsamkeit" synonym verwendet werden, aber sie bedeuten nicht dasselbe. Sie sind jedoch ähnlich und in vielerlei Hinsicht miteinander verwoben. Worin besteht also der Unterschied?

Meditation wird normalerweise als eine formale, sitzende Praxis betrachtet, bei der der Meditierende eine bestimmte Zeit lang konzentriert nach innen gerichtet verbringt. Im Gegensatz dazu kann man Achtsamkeit überall, zu jeder Zeit, mit jedem, den ganzen Tag über praktizieren.

Achtsamkeit bedeutet, einfach bei allem, was man tut, präsent zu sein: aufmerksam zu sein, anstatt den Geist zu anderen Gedanken, Wünschen oder Sorgen wandern zu lassen. Viele von uns sind mit einem „abschweifenden Geist" vertraut, doch laut einer Harvard-Studie macht ein abschweifender Geist unglücklich. Achtsamkeit ist eine Möglichkeit, nicht nur die Welt um uns herum aktiv wahrzunehmen, sondern auch unsere Bewegungen, Gedanken und Handlungen – und die Auswirkungen unserer Handlungen auf diejenigen, die uns nahestehen.

Im Buddhismus ist Achtsamkeit eine grundlegende Praxis und wird als Schlüssel zu einem ethisch heilsamen Leben angesehen. Achtsamkeit wird als weise und absichtliche Handlung betrachtet, die untrennbar mit dem Befolgen der Schritte des Edlen Achtfachen Pfades verbunden ist.

Im Theravāda ist Achtsamkeit unter dem Pāli-Begriff „sati"
bekannt, was „Erinnerung" bedeutet. Achtsamkeit bedeutet
also, sich daran zu „erinnern", im gegenwärtigen Moment
zu bleiben – im Gegensatz zum „Vergessen" und dem Um-
herschweifenlassen des Geistes. Es heißt, dass das Üben von
Achtsamkeit während der Meditationspraxis dazu beiträgt,
diesen Muskel für den Rest des Tages zu stärken, aber die Praxis ist nicht gleichbedeutend mit der Meditation selbst.

Für Buddhisten ist ein wesentlicher Vorteil der Achtsamkeit
die Kultivierung eines klaren Verständnisses oder Bewusstseins, was ein wichtiger Schritt auf dem Weg zur Erleuchtung
ist. Klares Verstehen ist eine Geistesschärfe, die es einem ermöglicht, die eigenen Gedanken und Absichten im täglichen
Leben zu erkennen, bevor diese in Sprache oder Handlungen
umgesetzt werden: zum Beispiel die Weisheit der Aufmerksamkeit zu besitzen, um Gefühle schlechten Willens zu be-
merken und sie in gute Absichten umzuwandeln, bevor man
den Mund zum Sprechen öffnet. Dies gewährleistet Rechtes
Reden und Rechtes Handeln, wie es der Edle Achtfache Pfad
empfiehlt.

BUDDHISTISCHE MÖNCHE UND DAS KLOSTERTUM

Der Buddhismus hat eine der ältesten Traditionen des organisierten Mönchtums (oder „Klosterleben") in der Welt. Buddhistische Mönche („bhikkhu") und Nonnen („bhikkunis") sind Personen, die ihre gewöhnlichen Beschäftigungen und materiellen Besitztümer aufgeben, um einen Teil oder ihr ganzes Leben spirituellen Zielen zu widmen – ähnlich wie die wandernden Asketen, die die ersten Schüler Buddhas waren.

Heute leben buddhistische Mönche oft in Klöstern, getrennt nach Geschlechtern, da alle Mönche ein Keuschheitsgelübde ablegen. Mönche und Nonnen folgen dem Vinaya, einem strengen Verhaltenskodex, von dem angenommen wird, dass er größtenteils von Buddha selbst aufgestellt wurde. Heute gibt es drei Varianten des Vinaya, die das klösterliche Leben in verschiedenen regionalen Traditionen regeln. Nonnen müssen acht zusätzliche Regeln zu denen der Mönche beachten.

Buddhistische Mönche sind dafür verantwortlich, die Lehren Buddhas zu bewahren und zu verbreiten sowie buddhistische Laien in ihrer Praxis anzuleiten. Dazu gehört auch, ein lebendiges Beispiel für buddhistische Disziplin zu geben, indem sie ein minimalistisches Leben mit gutem moralischem Charakter führen, das sich auf das Studium des Dharma und die Meditation konzentriert. Mönche dienen auch als „Feld des Verdienstes" für Laien, die durch die Versorgung mit Nahrung und anderen lebenswichtigen Dingen Verdienste sammeln können.

Es gibt viele Gründe, warum sich Buddhisten für ein Leben im Klosterleben entscheiden. Für einige ist es eine Gelegenheit, sich in den Dharma zu vertiefen und ununterbrochene Stunden in Meditation und Studium zu verbringen. Es ist auch eine Chance, der eigenen Gemeinschaft zu dienen und anderen zu helfen sowie zur Bewahrung des Dharma für künftige Generationen beizutragen. In einigen Traditionen wird geglaubt, dass man als Mönch sowohl für sich selbst als auch für seine Familie Verdienste erwirbt. In benachteiligten Gebieten treten manche Menschen (vor allem Kinder) in die klösterliche Gemeinschaft ein, um Zugang zu Nahrung, Bildung und Unterkunft zu erhalten.

Die genauen klösterlichen Traditionen unterscheiden sich zwar von Land zu Land und von Schule zu Schule, aber alle fördern ein Leben der Enthaltsamkeit. Die meisten Mönche haben nur wenige Besitztümer und sind überwiegend (wenn nicht sogar ausschließlich) auf Spenden angewiesen, um ihre täglichen Bedürfnisse zu decken. In der Regel stehen sie um vier Uhr morgens auf und nehmen nur eine Mahlzeit pro Tag zu sich. Die Mönche haben in der Regel einen kahlgeschorenen Kopf und tragen schlichte, passende Gewänder.

Das buddhistische Mönchtum ist kein einfaches Leben – und sicherlich nicht für jeden geeignet. Viele Mönche und Nonnen empfinden das Klosterleben jedoch als ein Leben des Friedens, des Glücks und der Befreiung.

ZUFLUCHT

Eine wichtige religiöse Praxis im Buddhismus ist die „Zu-fluchtnahme". Neue Buddhisten, die sich „offiziell" zu ihrem Glauben bekennen wollen, nehmen Zuflucht als eine Art Initiationszeremonie. Es ist ein Ritual, das seit den Anfängen des Buddhismus durchgeführt wird.

Buddhisten nehmen Zuflucht zu den sogenannten „Drei Juwelen" oder dem „Dreifachen Edelstein". Dabei handelt es sich um Buddha (Lehrer), den Dharma (Lehre) und die Sangha (Gemeinschaft) – drei kostbare Ressourcen, die den Kern des Glaubens aller Buddhisten bilden.

Es gibt einige Unterschiede zwischen den Theravāda-, Mahāyāna- und Vajrayāna-Traditionen, aber im Großen und Ganzen verpflichten sich neue Buddhisten, Zuflucht zum Dreifachen Edelstein zu nehmen, wenn sie:

- Buddha als ihren erleuchteten Lehrer und ihr Vor-bild akzeptieren.

- den Dharma als den Weg zur Befreiung vom Leiden akzeptieren und sich verpflichten, ihn zu studieren.

- Zuflucht zu der weltweiten Gemeinschaft von Laien- und Mönchsbuddhisten nehmen, die die Sangha bilden, in dem Verständnis, dass diese „Familie" sie auf ihrer spirituellen Reise unterstützen wird.

Es ist wichtig zu beachten, dass es bei der Zufluchtnahme nicht darum geht, dem Buddhismus zu huldigen, sondern vielmehr darum, sich selbst zu verpflichten, dem Leiden zu entkommen. Es geht darum, die eigene innere Buddha-Natur anzuerkennen und den Dreifachen Edelstein als den Pfad, um sie freizulegen. Es ist also nicht der Akt der Zufluchtnahme, der dem Leben einer Person zugutekommt, sondern das anschließende engagierte Studium und die Praxis des Dharma – mit dem Ziel, schließlich das Nirwana zu verwirklichen.

Buddhisten, die Zuflucht genommen haben, tun ihr Bestes, um gemäß den wichtigsten Ratschlägen der Lehren zu leben, einschließlich der Teilnahme an sinnvollen Aktivitäten, der Arbeit daran, ihren Geist zu zähmen und anderen keinen Schaden zuzufügen. Sie erneuern ihr Bekenntnis zum Dreifachen Edelstein regelmäßig, um ihre Konzentration und Hingabe zu verstärken. In der Tat wiederholen viele Buddhisten das Zufluchtsgebet zu Beginn jedes Tages, jeder Versammlung oder jeder Übungsstunde.

Die Zufluchtnahme ist letztlich eine persönliche Verpflichtung und kann daher jederzeit, überall und von jedem durchgeführt werden. Offizielle Zufluchtszeremonien werden jedoch in der Regel von einem buddhistischen Mönch beaufsichtigt, oft in einem Tempel.

ZURÜCKHALTUNG UND ENTSAGUNG

Buddha lehrte, dass Unglücklichsein durch die eigenen Begierden und Anhaftungen verursacht wird. Daher wird man frei, wenn man auf solche Begierden verzichtet (oder sie loslässt).

Für Buddhisten geht es bei der Entsagung darum, alles loszulassen, was sie an Unwissenheit und Leiden bindet. Dazu kann die Anhaftung an bestimmte Überzeugungen und Meinungen, an Menschen und materiellen Besitz sowie an ungesunde Gewohnheiten und Verhaltensweisen gehören.

Laienbuddhisten geben materielle Besitztümer durch Spenden ab. Buddhistische Mönche und Nonnen gehen jedoch noch einen Schritt weiter: Wenn sie ins Klosterleben eintreten, geben sie normalerweise alle nicht lebensnotwendigen Besitztümer auf – ebenso wie ihre Haare, den Gebrauch von Geld, eine abwechslungsreiche Garderobe und das Essen nach dem Mittag. Von buddhistischen Mönchen wird außerdem erwartet, dass sie allen unheilsamen Handlungen und Begierden entsagen und das Zölibat praktizieren.

Es wird angenommen, dass der Verzicht die innere Transformation eines Mönchs unterstützt. Durch die Entsagung können sie entdecken, dass das, was sie als notwendig für das Glück erachtet haben, vielleicht gar nicht dessen Ursache war. Entsagung wird als eine Möglichkeit angesehen, sich von Begierden zu befreien und Freiheit von Zwängen zu erfahren.

Buddha soll „Anupassanā" gelehrt haben: eine Technik, die die Kontemplation über die negativen Folgen von Sinnesfreuden beinhaltet. Außerdem lehrte er „Indriyasamvara": die Zurückhaltung der Sinne vor der Meditation.

Buddha förderte auch die Zurückhaltung beim Essen und ermutigte seine Anhänger, nicht gierig, sondern in Maßen zu essen. Mönche essen daher normalerweise nicht nach dem Mittag. Einige Buddhisten legen auch Fastenzeiten ein.

Zurückhaltung und Verzicht sind Teil des Aspekts „Rechte Absicht" des Edlen Achtfachen Pfades. Buddhisten sehen in der Gier lediglich eine vorübergehende Ablenkung vom Leiden, die einen letztlich davon abhält, das Nirwana zu verwirklichen.

Für buddhistische Laien bedeutet Rechte Absicht, die vorübergehende Natur von Besitz zu verstehen und sich in Nicht-Anhaftung, Zurückhaltung und Großzügigkeit zu üben. Laienbuddhisten können auch an Meditationsklausuren teilnehmen, bei denen sie (für eine begrenzte Zeit) auf Sprache, sexuelle Aktivitäten, Lesen, Schreiben und Unterhaltung verzichten und, indem sie einem strengen Zeitplan folgen, die Kontrolle über ihr Essen und die Art, wie sie ihre Zeit verbringen, übernehmen. Dies ist keine einfache Erfahrung, aber es wird angenommen, dass sie das ideale Umfeld für die spirituelle Praxis schafft.

VEGETARISMUS UND TIERETHIK

Viele Menschen gehen davon aus, dass alle Buddhisten Vegetarier sein müssen. Doch die Wahrheit ist vielschichtiger.

Buddha gab Richtlinien für moralisches Verhalten (die Fünf Gebote), die Buddhisten wie Gelübde befolgen. Das erste dieser Gebote besagt, dass sie kein Lebewesen töten oder ihm absichtlich Schaden zufügen dürfen. Stattdessen sind Buddhisten angehalten, allen fühlenden Wesen den gleichen Respekt, das gleiche Mitgefühl und die gleiche Freundlichkeit entgegenzubringen.

Es wird angenommen, dass Tiere als bewusste Wesen eine angeborene Buddha-Natur haben und genau wie Menschen zur Erleuchtung fähig sind. Wenn man Tieren absichtlich Schaden zufügt oder sie tötet, so heißt es, erzeugt man unheilsames Karma, das einen weiter von der Verwirklichung des Nirwana entfernt.

Trotzdem hat Buddha den Vegetarismus nie ausdrücklich gefördert. Es wird sogar angenommen, dass er dagegen war, dass Vegetarismus für buddhistische Anhänger zur Pflicht gemacht wird. Allerdings verbot er seinen Anhängern das Töten von Tieren zur Nahrungsgewinnung oder den Handel mit Fleisch – wie im Teil „Rechter Lebensunterhalt" des Edlen Achtfachen Pfades dargelegt. Buddha zählte auch Tiere auf, die niemals gegessen werden sollten, darunter Elefant, Pferd, Leopard und Schlange.

Wenn seinen Mönchen jedoch von einem Laien Fleisch angeboten wurde, sollten sie es dankbar annehmen und essen – solange es sich um Fleischreste handelte und das Tier nicht extra für sie geschlachtet worden war.

Im Allgemeinen ermutigte Buddha seine Anhänger, den „Mittleren Weg" einzuschlagen und in ihren Bestrebungen, Meinungen oder Anhaftungen nicht zu extrem zu sein. Buddhisten, die sich vegetarisch ernähren, werden daher davor gewarnt, sich fanatisch daran zu klammern – da diese Anhaftung selbst Leiden verursachen könnte.

Heute fördern die meisten Mahāyāna-Schulen den Vegetarismus und bauen in ihren Klöstern oft Gemüse an. Theravādins hingegen betrachten Vegetarismus als eine persönliche Entscheidung. Theravāda-Mönche sind im Allgemeinen auf Spenden angewiesen und essen daher, was ihnen angeboten wird. Sogar der Dalai-Lama (XIV) soll in den letzten Jahren aus gesundheitlichen Gründen begonnen haben, Fleisch zu essen. Historisch gesehen sind die tibetischen Buddhisten eher keine Vegetarier, da es in Tibet schwierig ist, Gemüse anzubauen.

Zusammenfassend lässt sich sagen, dass es keine einfache Antwort auf die Frage des buddhistischen Vegetarismus gibt. Sie bleibt ein viel diskutiertes Thema unter Buddhisten.

BUDDHISTISCHE TEMPEL UND RITUALE

Buddhisten besuchen Tempel, um zu verehren, zu praktizieren und zu studieren und um sich mit der Sangha zu verbinden. Tempel können eigenständige Gebäude sein oder zu einem Kloster gehören.

Im Allgemeinen sind Tempel so gestaltet, dass sie die reine und friedliche Umgebung eines Buddhas darstellen. Ihre Architektur ist jedoch von Region zu Region sehr unterschiedlich. Sie sind immer von höchster Qualität und sollen die fünf Elemente symbolisieren: Erde, Feuer, Luft, Wasser und Weisheit. Besonders deutlich wird dies an der Architektur der Pagoden: stufenförmige Türme mit mehreren Dachvorsprüngen, wie sie in Süd- und Ostasien üblich sind.

Der wichtigste Teil eines jeden buddhistischen Tempels ist der Schrein (und viele Buddhisten haben auch kleinere Schreine in ihren Häusern). Hier findet man eine (oft sehr große) Buddha-Statue – wenn nicht sogar mehrere. Vor jeder Statue steht normalerweise ein Altar, auf dem die Buddhisten Opfergaben wie Essen, Wasser, Blumen, Kerzen und Weihrauch niederlegen. Buddhisten ziehen ihre Schuhe aus, bevor sie einen Schreinraum betreten, als Zeichen des Respekts, und verbeugen sich vor der Statue, bevor sie die Drei Juwelen oder Zufluchten rezitieren.

In den Tempeln singen die Buddhisten, meditieren, bringen Opfergaben dar und lauschen den Predigten (oder „Dharma-Vorträgen") von hochrangigen buddhistischen Mönchen. In Teilen Asiens besuchen die Buddhisten jedoch auch regelmäßig Stupas. Diese kuppelförmigen Gebäude sollen Reliquien – wie etwa ein Haar oder einen Zahn – des Buddha selbst oder eines wichtigen Schülers oder Lehrers enthalten. Buddhisten betreten Stupas nicht, sondern umrunden sie achtsam im Uhrzeigersinn, während sie Mantras rezitieren, meditieren oder beten.

Auf diese Weise erweisen Buddhisten ihre Ehrerbietung, während sie gleichzeitig ihren Geist kultivieren und vielleicht Verdienste anhäufen. Berichten zufolge erwähnte Buddha in seinen Lehren häufig das „Umschreiten" von Objekten, da dies unheilsames Karma reinige und zu einer günstigen Wiedergeburt verhelfe. Buddhisten umkreisen auch Tempel, Statuen, heilige Berge und sogar Menschen. Mindestens drei Umrundungen (zu Ehren der drei Juwelen) sind üblich. Buddhisten können auch Pilgerreisen zu heiligen Stätten unternehmen, um ihre Praxis zu intensivieren und Verdienste zu erwerben. Der wichtigste buddhistische Pilgerweg führt zu vier bedeutenden Stätten: der Geburt Buddhas, dem Nirwana, der ersten Lehre und dem Tod. Buddhistische Pilger pilgern schon seit Jahrtausenden auf dieser Route.

MERIT-MACHEN

Man könnte meinen, Meditation sei die am meisten praktizierte buddhistische Tätigkeit. Tatsächlich ist die wichtigste Praxis der Buddhisten das Sammeln von Verdiensten.

Buddhisten glauben, dass Verdienst eine immaterielle Kraft ist, die durch gute Taten entsteht. Dies steht im Zusammenhang mit der Erzeugung von heilsamem Karma, um eine günstige Wiedergeburt zu gewährleisten und der Erleuchtung näher zu kommen. Das Sammeln von Verdiensten soll auch den Geist, das Wohlbefinden und die Lebensumstände einer Person verbessern. Darüber hinaus gibt es den Brauch, eigenen Verdienst mit einem verstorbenen geliebten Menschen zu teilen, um ihm in seiner neuen Existenz zu helfen.

Der Pāli-Kanon besagt, dass Verdienst auf drei Arten erworben werden kann (in der Reihenfolge der Schwierigkeit): Spenden („dāna-maya") an wohltätige Zwecke oder an buddhistische Mönche und Nonnen oder andere Handlungen der Großzügigkeit; Tugend („sīla-maya") – das Einhalten der Gebote und das Befolgen des Edlen Achtfachen Pfades; und geistige Entwicklung („bhavana-maya"), die Meditation, das Rezitieren von Mantras, Pilgerreisen und das Studium des Dharma umfasst.

Verdienstvolle Aktivitäten sind ein wesentlicher Bestandteil der täglichen Rituale und Feste der Buddhisten. Nach der buddhistischen Lehre sind solche Aktivitäten sowohl für den Einzelnen als auch für die Welt von Nutzen.

Meine Religion
ist sehr einfach.

Meine Religion ist
Freundlichkeit.

DER DALAI-LAMA (XIV)

FAZIT

So, das war es! Ganz gleich, ob Sie Ihre Forschungen über den Buddhismus fortsetzen wollen oder danach streben, buddhistische Werte in Ihr Leben zu integrieren, dieses Buch hat Ihnen hoffentlich alle Informationen geliefert, die Sie für den Anfang brauchen.

Wie wir gelernt haben, ist der Buddhismus eine religiöse Philosophie mit einer reichen Geschichte. Er ist ein Glaube von beträchtlicher Vielfalt – und das ist vielleicht sein größter Vorzug. Er ist so flexibel, dass er von Menschen aus allen Gesellschaftsschichten verstanden und angenommen werden kann. Wer auch immer Sie sind, wahrscheinlich gibt es etwas im Buddhismus, das Sie anspricht – etwas, das Sie mitnehmen können, um Ihr Leben ein wenig glücklicher zu machen. Sie müssen nicht alles davon übernehmen oder damit einverstanden sein. Nehmen Sie das, was Sie anspricht, und lassen Sie den Rest liegen. Im Kern geht es im Buddhismus um Weisheit und Mitgefühl. Es geht nicht nur um die Befreiung von Leiden, sondern auch um Glück für alle Lebewesen. Daher möchte ich Ihnen zum Abschluss eine Anweisung Buddhas selbst mit auf den Weg geben: Gehen Sie hinaus und „strahlen Sie grenzenlose Liebe auf die ganze Welt aus".

Weiterführende Lektüre

Wenn Ihnen dieses Buch gefallen hat und Sie mehr über die behandelten Themen erfahren möchten, sind diese Websites und Bücher ein guter Ausgangspunkt:

Webseiten

Tricycle – Buddhism for Beginners
www.tricycle.org/beginners

Alan Peto – Buddhism Explained for Westerners
www.alanpeto.com

Bücher

Öffne die Tür zu deinem Herzen, Ajahn Brahm (2016)
Meditieren - Freundschaft schließen mit sich selbst, Pema Chödrön (2013)

Buddhism for Beginners, Thubten Chodron (2001)

Das Herz von Buddhas Lehre, Thích Nhất Hạnh (2020)

Peace is Every Step, Thích Nhất Hạnh (1992)

LESEN SIE AUCH:

Dass die richtige Atmung die Gesundheit verbessern und das Leben verlängern kann, ist den meisten Menschen nicht bewusst. Im Yoga oder bei asiatischen Kampfsportarten ist die Atmung ein Teil ihrer Philosophie. Aber die Atmung ist viel mehr. Wer richtig atmet, schläft besser und kann seinen Gesundheitszustand maßgeblich beeinflussen. Dieser Band vermittelt praxistauglich alles Wissenswerte über die Atmung und zeigt anhand zahlreicher Übungen und Tipps, wie auch Sie lernen, richtig zu atmen.

128 Seiten, 125 x 190 mm, Hardcover, ISBN: 978-3-7553-0058-8
€ (D) 9,95

Grundwissen der Philosophie in kompakter Form von den Vorsokratikern über die Big Three (Sokrates, Platon, Aristoteles), die fernöstliche Philosophie und wichtige Fragen des Mittelalters bis zu modernen Themen der politischen Philosophie oder der Ethik. Das Buch erläutert die Begriffe der Metaphysik ebenso wie die der Erkenntnistheorie und erklärt in Grundzügen die wichtigsten Philosophieschulen von der Antike bis heute. Denker, Themen, Theorien alles, was Sie wissen müssen, um zu verstehen, welche Ideen unsere Welt geformt haben und wie wir heute denken.

192 Seiten, 125 x 190 mm, Hardcover, ISBN: 978-3-7553-0008-3
€ (D) 6,95